地势坤，君子以厚德载物。

孔子

傅佩荣讲

傅佩荣 著

北京联合出版公司
Beijing United Publishing Co.,Ltd.

图书在版编目（CIP）数据

傅佩荣讲孔子 / 傅佩荣著 . — 北京： 北京联合出版公司 , 2018.5

ISBN 978-7-5596-1855-9

Ⅰ . ①傅… Ⅱ . ①傅… Ⅲ . ①孔丘（前 551- 前 479）- 人物研究 Ⅳ . ① B222.25

中国版本图书馆 CIP 数据核字（2018）第 049311 号

著作权合同登记 图字：01-2018-2039 号

傅佩荣讲孔子

作　　者：傅佩荣

责任编辑：熊　娟

内文设计：顾小固

北京联合出版公司出版

（北京市西城区德外大街 83 号楼 9 层　　　100088）

北京嘉业印刷厂印刷　　新华书店经销

字数：110 千字　　880 毫米 ×1230 毫米　1/32　　印张：7

2018 年 5 月第 1 版　　2018 年 5 月第 1 次印刷

ISBN：978-7-5596-1855-9

定价：45.00 元

自　序

　　值得做的事很多，但我一生做不了几件；值得念的书很多，但我一生念不了几本。因此，面对自己短暂的一生，人首先要学会的就是"给一个说法"：我做这几件事，我念这几本书，以及我选择如何如何，都需要一个合理的解释。

　　这无异于探讨一个大问题：人生有什么意义？因为"意义"不是别的，而是"理解之可能性"。我过这样的生活，以这种方式与人来往，这一切作为是"可以理解的"吗？如果说不出所以然，也就是没有一个说法，那么，我的人生就谈不上什么意义，只是人云亦云，随俗浮沉，十六个字就讲完了："生老病死，喜怒哀乐，恩怨情仇，悲欢离合。"其他的大道理都只是风声吹过而已。

　　面对如此处境，似乎只有一条出路，就是"爱好及追求智慧"，而这句话恰好是古希腊时代对"哲学"一词的原始定义。不过，我在此不是要介绍西方哲学，我要推荐的是与我们一样使用中文的、中国古人的哲学。虽说是古人，但一点也不老旧；他们使用古文，却依然照亮了今日世界。苏格拉底有一个年轻朋友，这个朋友借酒装疯，说出他对苏格拉底又爱又恨的心情："他使我觉悟生命不该因循苟且，忽略自己灵魂的种种需要，迷失在政治往还的生涯中。我起初无法接受，掩耳疾走，背他而去。他是唯一使我觉得自己可耻的人。我曾多次暗咒他早早死了才好，但我又知果真如此，则我的哀伤将远远盖过我的欣喜。"

　　"掩耳疾走，背他而去。"我好像也曾有过这样的念头，但针对的"他"是谁呢？不是别人，就是我在这儿要向大家介绍的"孔子、孟子、老子、庄子"。他们并称为"中国四哲"，但我年轻时，只觉得他们难以亲近，也不易理解。孔子说话精简扼要，如念格言金句；孟子倡言仁政理想，结果落个好辩之名；老子看似很有见地，内容却是恍惚难解；庄子寓言常有巧思，让人感叹浮生若梦。我曾想过，如果没有这四哲，我们求学时会不会轻松一点，传统的包袱会不会减少一点？

现在我明白了。如果没有他们，我的哀伤将远远胜过欣喜，甚至这一生只剩下十个字：重复而乏味，茫然过日子。读懂他们的文字，领悟他们的思想，实践他们的教导，品味他们的智慧，然后这才发现自己身为中国人，并且能够从小使用中文，是一件无比幸福的事。

他们身处危机时代，虚无主义的威胁有如张牙舞爪的恶魔。孔子与孟子代表儒家，主张"由真诚引发内心行善的力量"，使价值的基础安立于人性中，如此可化解价值上的虚无主义。老子与庄子代表道家，主张"凡存在之物皆有其来源与归宿"，那即是作为究竟真实的道，如此可消除存在上的虚无主义。前者重视"真诚"，后者肯定"真实"，殊途同归，但皆使人的生命展现明确意义，有如丽日当空、光明普照，而人生的喜悦与快乐也有如空气般自然遍存。

我归纳儒家思想为四字诀：对自己要约，对别人要恕，对物质要俭，对神明要敬。至于道家，也有另一套四字诀：与自己要安，与别人要化，与自然要乐，与大道要游。这简单的八字心得，可以在这四本书中找到详细的说明。

"孔孟老庄"四哲，每一位都是千年难遇的良师与益友。

我研究中西哲学四十余年，最大的收获就是学习并了解这四哲的思想。我出版有关他们思想的书籍与有声书很多，现在这一套书原是一系列四十八讲的课程，整理成文字稿再经修订而成，所以内容浅显易懂，文字轻松可读，结构完整周延，论述一气呵成。不限时空，随手翻阅，压力不大，心得甚深。谈到"哲普"作品，目的不正是如此吗？

本书之整理，要感谢叶莲芬小姐，她在中学担任繁忙的辅导工作之余，在短时间之内全力完成任务。出版社的编辑们也付出很大的心力，非常感谢。每次出新书，我都喜忧参半。喜的是心得可以与人共享，忧的是我还可以做得更好啊！

目录

主题一：
在考验中成长

第一讲：学习是人生的转折点

公元前八百年到公元前两百年，这之间六百年，哲学家称之为人类文化的"轴心时期"。以"轴心时期"为基准，人类在文化上出现很大的差异。在此之前，人类面对洪荒世界，在自然界挣扎求生。人类社会慢慢发展，接踵而至的是各种复杂的问题。到了轴心时期，几个重要的传统分别形成了。

依照年代的先后，代表人物有：印度的释迦牟尼、中国的孔子、希腊的苏格拉底，以及犹太的耶稣。这四位古人的特别之处，正是孔子所说的："人能弘道，非道弘人。"（《论语·卫灵公十五》）孔子认为是人在弘扬人生的理想，人类的生命才是价值的主体，并非靠既定的理想使他的生命发光发热。

　　譬如，印度本就有源远流长的印度教。但印度教相当重视古代的神话与复杂的仪式，并严格遵守种姓制度。人一出生即列入某种阶级，到轮回之后才有可能改变。然而释迦牟尼强调众生皆有佛性，任何人都有觉悟的智慧，只要觉悟，生命就可以"离苦得乐"，这对所有人皆适用，不分阶级、不分种族。

　　苏格拉底在西方也面对一个复杂的挑战。研究自然界的学者，把宇宙看成物质结构，加上动力而不断运转。热衷辩论的辩士学派，走遍各地，发现人间的法律是相对的，价值当然也是相对的，所以他们就不再肯定任何原则，只求达到目的而不择手段。苏格拉底深入反省，首先认同人类社会的法律，进而接受祖先传下来的宗教，再回到个人良心的声音，也就是所谓精灵的声音。在苏格拉底之后，他的学生柏拉图推展出西方的哲学传统以及求真的精神。

　　就耶稣而言，犹太教本来就有非常长远的历史，《旧约》与《新约》的差异，是从法律转向仁爱。所以耶稣特别强调：神喜欢仁爱胜过祭献。人们奉献很多礼物给神，但是他并不需要，因为他创造了一切。如果心中有爱，也有信仰，进而展现出人的美善品格，神才会真正悦纳。耶稣也说，将来人们祷告不用在耶路撒冷，而在每一个人的心里，用自身的精神与行为来祷告。这就是转折点。这四大圣哲出现之后，每个传统开始调整转移，把重点放在人的身上，而这个人是指普遍的人，是一往平等的。

我们再看孔子。他从政的时候，有一次下朝回家，家人报告：马厩失火了！他只问有人受伤吗？而不问马的损失情况。"厩焚，子退朝，曰：'伤人乎？'不问马。"（《论语·乡党》）古代是封建社会，在马厩里工作的马车夫、用人、工人，社会阶级较低。对孔子来说，只要是人，都有平等的能力，譬如学习的能力、修养德行的能力。如此，就使得每一个人的尊严得到肯定。依今天的观念，很容易认同孔子的话，但在公元前六世纪，这是伟大的创见，何况他还身体力行。

本书首先要谈的是：孔子在考验中成长。学习是孔子一生的转折点。这对多数人而言，是很好理解的经验，但以孔子的生平背景来说，却是很特别的。他的祖先本是宋国的贵族，宋国是商朝的后裔。夏朝四百多年，商朝六百多年，西周与东周共八百多年。东周又分春秋时代与战国时代。孔子生在春秋时代末期，已是礼坏乐崩的年代。礼乐本是维系人类社会最重要的两大支柱，既已坏了、崩了，社会秩序如何维持呢？所以这是时代的危机，但是对孔子来说，危机就是转机。他的祖先原是宋国的王室成员，本来有机会担任宋国的国君，因为谦虚礼让，一让之后就一路让下去了。后来到第六、第七代时，迁居鲁国。再过几代，他的父亲叔梁纥曾任邹邑（即今日的曲阜）的县长，古代的县长已经位列大夫了。他的父亲第一次结婚生了九个女儿，古人为了祭祀祖先，总希望生个儿子。第二次结婚产下一子孟皮，但是腿有残疾，身体不健康对古人来说，也是件遗憾的事。叔梁纥六十多岁时，认识了还不到二十岁的颜氏，生下孔子。孔子的父亲在他三岁的时候去世，由于孔家还不能接纳他们，母子二人甚至无法参加葬礼。孔子十七岁时，母亲过世，他到处请教乡里长辈他父亲的安葬处，才将父母亲合葬。

　　孔子成长于单亲家庭，与母亲过着非常贫困的日子。后来别人称赞他的成就，他说："吾少也贱，故多能鄙事。"（《论语·子罕》）我们说："英雄不怕出身低。"在困难中可以磨炼意志，可以开发潜能。鲁国的曲阜南门有一沂水，冬至固定举行祭祀天地的典礼，称作"郊祭"。每个人都会穿上庄严的服装、礼帽，进退有序，盛大隆重，孔子小时候最喜欢和同伴玩这种游戏。司马迁也说孔子小时候"陈俎豆、设礼容"，学习大人祭拜天地。他欣慕那种人文化成、庄严肃穆的场面，感觉人的生命到了那一层次，才显出真正的价值。如果没有这种礼乐教化，只看到赤裸裸的人性，以及人与人之间的竞争，那么人的生命怎能算是美好呢？

乱世中的贫困少年

孔子十五岁时，又是一个转折点。当时他只能接受乡村教育。乡村教育指的是农耕社会到了十月农忙结束后，让所有的小孩子都来上课。退休官员与受过教育的人，年纪大了以后，很愿意把他们的知识传给下一代。他们所学的有两种，一是文化常识。譬如，鲁国人要记得鲁国祖先是周公的后裔，齐国人则要明白齐国的祖先是姜太公的后裔。姜太公即姜子牙，周公在当时是伟大的政治领袖，大家都怀念他。孔子学会文化常识后，知道在封建制度下，每一个国家都与周朝的宗室有关系。二是学习武艺，男子年满十五岁需服劳役与兵役，因此要学骑马射箭。孔子学什么都学得很好，一般人十五岁后就开始工作，继承父业，但孔子认为一旦如此，恐怕一生将无成就，因此决心学习。所以，孔子曾说："吾十有五而志于学。"（《论语·为政》）这话今天听起来很平常。现代人六岁进小学，但我们很少有立志的，都是被迫的，而孔子则是立志终身学习。我自己教书三十多年，为什么特别佩服孔子呢？因为他曾回答子贡，说自己"圣则吾不能，我学不厌而教不倦也"（《孟子·公孙丑上》）。"厌"就是不想学了，"倦"就是不想教了。我们教书时间久了之后，容易感觉"学就厌，教就倦"，因此看到孔子这种表现，特别佩服他。

孔子曾向老子问礼，向师襄习乐。老子是道家的代表人物，究竟是不是写《道德经》的那个老子，到现在还有争议。老子是周朝的守藏室之史，负责国家档案与图书馆，非常有学问。临别时，老子建议孔子不要过于积极改变社会，以免遭到别人的嫉妒。每个人都有年轻的时候，只要勇于向长辈学习，就能减少犯错。孔子学习音乐的经验更好，真是青出于蓝而更胜于蓝。他向师襄学习一首曲子，一定精通它的旋律，了解它的演奏技巧，还要明白作曲的目的与心意，并揣摩它所描写的人物是何模样。师襄是盲人，虽然看不见，听到学生这样讲后，非常感动，甚至离开座位向孔子鞠躬。所以孔子无论学习什么都可以温故而知新，所谓"温故而知新，可以为师矣"（《论语·为政》）。当老师的条件就是了解过去，加上新的创意，能够不断推陈出新。

立志学习：五经与六艺

　　孔子的学习有三点特色。第一，学习最好的东西。在当时最好的东西就是"五经""六艺"。"五经"为《诗》《书》《礼》《乐》《易》，范围已经很完整了。诗代表文学，书代表历史，易代表哲学，礼代表生活规范，乐代表音乐、艺术。古代的书刻在竹简上，三百页就有三百片，即可装满一车。而孔子教学生的材料就是这些，尤其是《诗经》，他以《诗经》教学生，非常娴熟。

　　古代的大学教育只有贵族子弟或官宦子弟才有机会受教。当时读书人的出路比较狭窄，学成之后，因为有知识、有能力服务百姓，因此几乎都成为社会的领导阶级。念大学的贵族子弟，由于工作有保障，就不见得用功了。孔子教学的目的非常清楚，他的学生以平民百姓为主，也有少数贵族子弟。由于孔子的教学成效胜过大学里的老师，许多贵族子弟主动求教。也因此鲁国的官员中有不少是孔子的弟子，表现相当杰出。孔子本身当然也具备这样的能力，他精通经典后，不断有自己的创新见解，可惜的是，他不能多谈自己的思想。我们今天多么希望孔子发表系列演讲，讲述他自己的思想。

"六艺"为礼、乐、射、御、书、数，和"五经"有两项重复。"五经"中的礼乐，代表文献资料，说明何为礼、何为乐。"六艺"的礼乐，则是实际操作。学会了礼之后，必须实际参与祭祀、婚礼、丧礼、士冠礼、乡射礼。据说孔子请教老子时，特别针对丧礼的细节请教。譬如，送葬的队伍遭遇日食，不见阳光，那么队伍该不该继续前进呢？因为晚上不能送葬。至今仍有老子带着孔子一起从事丧礼的记录。

"乐"更需要操作，懂得很多音乐原理，讲得头头是道，但却不会弹琴，也只能称为纸上谈兵。孔子的音乐造诣很高，他曾于卫国友人家中击磬，连路人都听出他的心意。孔子感叹无人了解他，他的弟子三千人，其中精通六艺者七十二人。

但他却公开说："没有人了解我呀！"我们不禁要请教孔子，是弟子不勤学，还是你的思想太神秘？一个人的思想要让人全盘了解，并非易事。如，学生耳熟能详的"四十而不惑，五十而知天命"。二十几岁的年轻人如何了解何为迷惑？从小只听从父母师长的安排指示，不需动脑，四十岁以后要独立了，自己面对人生，此时迷惑最多。孔子在此时年已不惑了，但他的学生很年轻，甚至与他相差四十几岁，要他们如何了解孔子的思想？

孔子的射与御也非常杰出。他曾说："君子无所争，必也射乎。揖让而升下而饮，其争也君子。"（《论语·八佾》）君子没什么好争的，如果一定要争的话，就比射箭好了，射箭前先打躬作揖，射箭后再次打躬作揖，一起饮酒，这种竞争表现了君子风度。有人说孔子"博学而无所成名"（《论语·子罕》），指他非常博学，但却无特定专精的名声。孔子听了以后说："我要靠什么出名，射箭吗？还是驾车？我靠驾车好了。"代表孔子驾车的技术超过了射箭。孔子身高一百九十二厘米，父亲是大力士，驾起车来很威风。至于书与数，书是书写，为做官的基本能力。数是计算，计算账簿的正确性，孔子年轻时曾在政府机关管过账。

孔子的学习经验是，先学习古代"五经六艺"的知识与能力，如海绵般尽力吸收，这是最好的示范。人年轻时，心思单纯，有丰富的脑容量，如能好好学习，什么都学得会，就怕你不学。

孔子学习的第二个特色是：学与思并重。二十多年前我在美国耶鲁大学念书，住学校宿舍。同寝室有位日本同学，东京大学法律系毕业，在日本政府工作，再到美国念 MBA。我们宿舍各有卧室，但共享客厅。美国同学放假就各自回家，我们这些亚洲同学无家可归，常常聊天。有一次我与日本同学聊到孔子，他忽然很兴奋，说他知道孔子，接着用日文讲了一句孔子的话。我说孔子也不懂日文呀！他只好拿出一张纸来写，写的是文言文，子曰："学而不思则罔，思而不学则殆。"（《论语·为政》）当时我非常震撼，就像自家的宝贝被偷走了！他还很得意地说："日本人在中学时代都要背《论语》。"当时我就决心要好好研究儒家思想。为什么外国人那么珍惜我们的文化，我们自己反而不在乎呢？外国人选择世界各种文化研究也是精挑细选，没有足够的内涵，他们为什么要学呢？

学习而不思考，是白费力气，因为很容易忘记。美国做过一个简单的实验，一所大学在放暑假之后一个月，紧急召回各系各班第一名的同学，用与上学期期末考相同的题目再考一次，结果没有人及格。为什么？因为他们只是强记应付考试，并没有思考。思考是经过主体的反省，然后有了自己的心得。你读了一百页的书，也许只对里面的十页仔细思考。想通了，这十页就是你的，另外九十页还给作者。

　　"思而不学则殆"，意指光是思考而不读书，是有危险的。什么危险？很容易走偏了。为什么？一个人只思考而不读书，他只能反省每天发生的事情，如此很容易受年龄、行业的限制而忽略了自己生命的真正需要。人的生命是不受行业、年龄限制的。所以孔子说："学而不思则罔，思而不学则殆。"他还说过自己："吾尝终日不食，终夜不寝，以思；无益，不如学也。"（《论语·卫灵公》）整天不吃饭，整夜不睡觉，专心思考，无用，不如打开书本学习。孔子强调学思并重，双轨并行。

　　孔子学习的第三个特色是：学与德兼备。宋代哲学家说，如果读了《论语》而毫无改变，等于没有读。读了《论语》后，至少要改变想法。譬知，人应孝顺，人应守信。孔子希望弟子的所学能与德行配合。颜渊是孔子学生中最杰出的。鲁哀公曾问孔子，学生中谁最好学。哀公问："弟子孰为好学？"孔子对曰："有颜回者好学，不迁怒，不贰过。"（《论语·雍也》）孔子的弟子三千，精通六艺者七十二，好学者名单列出来应该有不少，但是他用六个字"不迁怒，不贰过"说明颜渊的表现。意指与人发生冲突而不会把愤怒转移到不相干的人身上，以及不再犯相同的错误。不迁怒比较容易，认清自己与别人的关系即可；不贰过比较困难，因为要对付自己的毛病。人的性格往往决定他犯什么过错，若要不贰过，必须经常改造性格，压力很大。孔子说过："人之过也，各于其党。观过，斯知仁也。"（《论语·里仁》）党不是政党，也不是党派，党是性格类别。什么性格类别的人容易犯什么过失，所以只需了解一个人的过失，就能建议他人生的方向。我们不应害怕别人发现我们的过失，这样才知道如何改正。学习与德行完全配合，才能让自己的生命与时俱进。如果只有学习，增加知识只是为了作秀。孔子说："古之学者为己，今之学者为人。"（《论语·宪问》）孔子认为古代的学者认真修养自己，让生命走向圆满，不是为了升官发财。而我们今日学习是为了教书，为了自己，也是为别人，这是与古代完全不同的社会情况。

孔子年少时家境贫穷，但他立志向学，不断成长，精通"五经六艺"，学思并重，学习与德行配合。他与弟子们逐渐形成一个伟大的传统，称为儒家。

儒家传统的特色

儒家传统特别重视什么？有三点外在特色。要判断一个人是不是儒家，可以从三点来看。第一，是否肯定传统。第二，是否重视教育。第三，是否关怀社会。肯定传统，重视教育，关怀社会，这三点正是儒家的具体作为。但这只是外在的描述，不一定代表这样的人就是儒家，因此还必须就其内在特色，另指出三点来说明。

凡是儒家学者，其主张的学说必有以下三点。第一，人人皆可能成为君子。人人都可能，表示儒家对人是一律平等的。人只要学习，一定可以明白道理；只要愿意，也能够成为君子。何为君子？古代所谓的君子，就字面而言是君之子，也就是贵族子弟，他们生下来就有官位。到孔子的时代，君子已增加了道德的含义，也就是人格典型，称为君子。在《论语》中，这两种用法都有。这说明古人对政治领袖有很高的期望，既然有官位，更应该像个君子。儒家认为人人都可以成为君子，这是可能性，这种可能性是普遍的，每一个人都有，没有阶级、族群、性别之分。这是儒家的第一点内在特色：人人皆可能成为君子。

　　第二，人人皆应该成为君子，亦即把"能够"提升为"应该"。除了人类以外，其他生物没有"应不应该"的问题。譬如，非洲野生动物园如果规定狮子不应该吃绵羊，等于要求狮子吃素，但吃素就不是狮子了，更何况狮子不食肉就无法存活。所以，人类之外的生物界并没有"应该"的问题。你说这棵树不应该长在这里，但它要长，你又能如何呢？它是自然条件的配合、本能的发展，就这么长成了。只有人类才有"应该"的问题。"应该"这两字，牵涉到选择与判断。儒家的特色即在于：先肯定人人都可能成为君子，再强调人人都应该成为君子。虽说是"可能"，但并不代表可以任意选择。我只是"可能"成为君子，但我不想成为君子，又能如何呢？不想成为君子，则是小人。在此特别说明，小人不是坏人，小人原本是指小孩子。小孩子长大成人，但心态仍是小孩子，他还是只看利益，与人竞争，耍小聪明，这才叫作小人。小人与君子的差别在于：小人没有志向，只靠本能生活，与其他生物无差。君子必须有志向，才能成为真正的人。人生很奇妙，生下来时是一个人，但这不够，若是没有好好学习、修养自身，逐渐就不像一个人了。换句话说，光靠本能像生物一样活着，是不够的。人类身为万物之灵，天生有丰富的潜能尚待实现，因此人的一生就是要把这些潜能加以实现，亦即成为君子才算是真正的人。所以，人人都应该成为君子。如孔子说"杀身成仁"（《论语·卫灵公》），孟子说"舍生取义"（《孟子·告子上》），荀子说君子"畏患而不避义死"（《荀子·不苟》），君子害怕灾难，但不会逃避为义而死。《易传》《中庸》也都能找到例证。这说明只要是儒家，为了成为君子，必要时可以牺牲生命。生命极为可贵，却必须牺牲，因此要有非如此不可的充分理由。何以死亡是一种完成，是一种取得？儒家的思想必须在此清楚说明，否则它只是一套空想及幻想而已。

第三，当一个人成为君子时，他也会促使别人成为君子。这句话听起来很平常，但稍加思考就会发现它的深刻含义。一个人努力成为君子时，他自然会带领别人成为君子，这表示个人与别人不能分开，在人的社会里，没有人可以完全离群索居。儒家观察人的生命，认为没有一个人可以离开社会，譬如我们生下来，若不是父母长期抱在怀里，用心养育，如何能成长？慢慢长大之后，若无学校老师教导，如何能学习？毕业后进入社会，如果没有工作，又要如何安身？所以人的生命与社会整体是紧密结合的。因此，当人努力成为君子时，一定会帮助别人也逐渐成为君子。孟子很喜欢以舜作为例子。舜的父亲叫瞽叟，瞎眼的老头子，是个老糊涂。舜的母亲过世后，父亲娶了后母，生了弟弟，名作象。一家四口，其中三个人居然联合起来对付舜，这是什么样的问题家庭呢？但是舜立志成为君子，对父母孝顺，对弟弟友爱，他的心意最终感动了父母与弟弟。

德国学者雅斯贝斯（Karl Jaspers，1883—1969）著有《四大圣哲》，推崇印度的释迦牟尼、中国的孔子、希腊的苏格拉底，以及犹太的耶稣。一般人贵远贱近，可能不觉得孔子有什么伟大。司马迁是历史学家，他在《史记·孔子世家》中写到孔子，愈写愈感动，最后忍不住到孔子的墓前徘徊沉思良久。因为他想到，孔子的弟子在他过世后，居然相约在孔子的墓前守丧三年（三年之丧是指二十五个月）。孔子不是有权力的人，也不是有财富的人，但是学生愿意把他们对父母的孝道也转用到孔子身上。因为他们领悟到，父母给的是身体的生命，老师给的是精神的生命，使他们明白人生的道理。我曾于二〇〇七年八月八日参观孔庙、孔府与孔林，但真正让我感动的是孔林的一块石碑"子贡庐墓处"。子贡在与同学们守丧三年后，又留下来继续守第二个三年之丧，前后加起来五十个月。

孔子是天生的圣人吗？他自己说过："我非生而知之者，好古，敏以求之者也。"（《论语·述而》）他不是生下来就有知识的，他是用心勤奋学习之后才成就了完美的典型，这个典型所展现出来的境界，影响了华人世界，进而影响了全世界。

第二讲：生活中的修养

谈到人生问题时，常会想着，人为什么要行善避恶？有些人把这个问题归纳为《三字经》所说的"人之初，性本善"。但是人性本善对人类的生活经验来说，是很难讲得通的；并且关于人为什么要修养，也说不出个道理来，既然人性本善，那还需要修养吗？我们必须回到孔子的思想中厘清此问题。孔子曾经非常严肃地说："君子有三戒：少之时，血气未定，戒之在色；及其壮也，血气方刚，戒之在斗；及其老也，血气既衰，戒之在得。"（《论语·季氏》）血气指的是身体所带来的本能、欲望及冲动，人有身体，就会有这些问题，在不同的生命阶段，要警惕不同方面的问题。孔子作为哲学家，是从经验观察出发。哲学家的理论听起来好像很遥远、很抽象，但其基础在于经验；如果不参照经验，那么，别人为什么要接受他的理论呢？所谓的"戒"是指戒律，要你设法加以克制、修炼。孔子对人的了解，除了很实在，还有些乐观，他没注意到人在生命的任何一个阶段，都可能同时出现这三个毛病。

《孟子》中提过齐宣王的故事。战国时代的齐国是强国之一，齐宣王认为孟子不但有学问，还很直爽，也许能给自己提供一些人生的指导，因此他向孟子坦白承认"寡人有疾，寡人好勇"，"寡人有疾，寡人好货"，"寡人有疾，寡人好色"（《孟子·梁惠王下》）。齐宣王是我所尊敬的古代帝王，因为历代帝王很少有公开向人承认自己过失的，我想他大概读过《论语》，察觉自己同时具有孔子所说的三个毛病，所以要请教孟子。孟子的回答非常精彩，他说，你好色是吧？让天下人都能够男有分、女有归，让天下人都能得到这基本欲望的满足。其次，好勇有两种，一种是走在路上与人不合，就暴力相向，这算什么勇呢？而如周文王、周武王，一生气就安定天下，这才是大勇。第三，好货的话，就让天下的人都发财吧！《孟子》中有一句话，非常生动："为民父母，使民盻盻然。"（《孟子·滕文公上》）有些国君吃喝玩乐非常铺张，老百姓望着他们的眼神皆带着愤怒，这样的政权就危险了。齐宣王承认自己同时有三个毛病，由此可见，孔子说的话有其一定的道理。

自我约束：饮食与言语

那么，孔子在生活中如何修养呢？首先，是饮食方面的考虑。我们求学时读《论语》，常常嘲笑孔子很难相处，肉切得不方正就不吃，我直到年过五十才能体谅孔子的想法，因为牙齿不好的话，肉没有割正，夹着筋在其中，咬不烂，怎么吃呢？

孔子连续讲了十个不食与不多食。譬如，肉看起来颜色已变，当然不吃；闻起来味道也坏了，当然不吃；季节不对的菜不吃；经过冷藏，他不吃；甚至没有适当的配料，他也不吃。这是养生的考虑，因为古代医药不发达，很容易病从口入，所以他在饮食上很有节制。但他有个很特别的习惯，如果主人准备整桌丰盛的菜，他一定站起来向主人拜谢。也许是主人有别的考虑，要托他帮忙，先请他好好吃一顿再说

吧。但相对的，他也可以过最穷困的生活。他说："饭疏食，
饮水，曲肱而枕之，乐亦在其中矣。"（《论语·述而》）
我每次读到这句话，都不禁想起耶稣说的："狐狸有它的洞穴，
天上的飞鸟有它的鸟巢，但是人子（就是耶稣自己）没有放
枕头的地方。"耶稣在各地传教时，也是用手来做枕头。

　　孔子的生活非常简单，和希腊的苏格拉底一样。苏格拉
底能饱餐痛饮，也能整日不进食，或只吃些粗糙的食物。他
们从来不以吃什么东西为考虑，吃只是必要条件，活下去有
另外更重要的目的，这才是他们的着眼点。

　　饮食之外，言语很容易带来问题。"子罕言利与命与仁。"
（《论语·子罕》）孔子很少与人谈"利"。因为见小利则
大事不成，一个人要发展大的事业，不要只看小利，所以孔
子不谈利。其次，他不太谈"命"，因为命不能改变。第三，
他也不主动谈"仁"，因为仁牵扯到个人的特殊状况。我们
学儒家要分辨两个字：道与仁。"道"是人类共同的正路，
既然生而为人，就应该要走上人的正路。"仁"则是每一个
人自己要走的正路，所以谈仁要因材施教。不同的学生问仁，
孔子的回答都不相同。道是普遍的，每一个人都要走上君子
之道；但个人如何成为君子的具体作为，就要针对个别的情

况来说，这叫作仁。最后的结果都一样。孔子说："志于道，据于德，依于仁，游于艺。"（《论语·述而》）道是人类共同的正路，仁是个人要走的正路，道与仁因而可以通用。譬如，你杀身成仁，是为了个人的正路而牺牲；你以身殉道，是为了人类的正路而牺牲。

言是主动去说，语是与人讨论。我们常常记得"食不语，寝不言"（《论语·乡党》）这六个字。吃饭时不讨论，睡觉时不说话。吃饭时讨论问题会消化不良。为什么睡觉的时候会主动说话呢？年轻时有这样的经验，一到暑假，几个同学约了去谁家玩，整夜不睡觉，躺着说话，说到最后，谁在说？谁在听？也弄不清，这对睡眠不好。

"子不语：怪、力、乱、神。"（《论语·述而》）他不与别人讨论，并不代表没有这些事。第一，怪就是反常的事情。《左传·僖十六年》记载："六鹢退飞，过宋都，风也。"六只鸟退着飞过宋国的首都。鸟怎么会退着飞？因为风速大于飞行的速度，这没有什么好奇怪的，风大而已。第二，力代表武力，孔子不太喜欢谈武力。古代有王霸之分，周文王、周武王，是以德服人，但是到春秋时代只能有五霸了。齐桓公、宋襄公、晋文公、秦穆公、楚庄王称为春秋五霸。五霸以力服人，孔子喜欢谈德，谈力就变成兵法家了。第三，古代"乱"字，指的是造反，社会秩序大乱。他喜欢长远而安定的社会。最后，孔子不谈神，神代表灵异事件。他不谈灵异事件，但是他谈鬼神许多次。古人对于鬼神特别崇敬，因为人死为鬼，鬼神就是我们的祖先。古代负责守护山（如泰山）与守护河（如黄河）的官员，若是负责尽职，死后就被封为神。人看到山，看到大河与大海，产生崇敬的心情。知道自然界的伟大，就会取法乎上，人类生命也由此显示他的尊严，至于天神就更不用说了。所以孔子谈鬼神的地方很多，譬如他说"敬鬼神而远之"（《论语·雍也》），并不是否认鬼神，而是要尊敬鬼神，但要保持适当的距离。

"子绝四：毋意、毋必、毋固、毋我。"（《论语·子罕》）孔子设法弃绝四种毛病。第一，他不随便猜测。第二，他不坚持己见。第三，他不顽固拘泥。第四，他不自我膨胀。把四样毛病统统除掉是很不容易的，因为人与人来往时，总希望受到重视，说的话有分量，说的话能算数，显示自己各方面都超越别人。这是很普遍也很本能的想法。

孔子还说过："德之不修，学之不讲，闻义不能徙，不善不能改，是吾忧也。"（《论语·述而》）他说，德行没有修养好，学问没有研究好，听到该做的事没有去做，有不对的地方没有改过，这些是我的忧虑啊。孔子整天反省自己德行不够好，学问不够好，每天这样思索着就会进步。他让我们佩服，是因为他每天都求上进。他说自己："三十而立，四十而不惑，五十而知天命。"（《论语·为政》）每十年就有新的境界，我们如果一路走来，始终如一，数十年如一日，那实在是浪费生命啊！

谨慎与忧虑

孔子这么做，我们不禁要问：这么做的效果如何？我们可以找到充分的证据，证明孔子可以自得其乐。如果一个人经过长期的修养，而结果是痛苦的，这代表修养不够，因为人总希望活得快乐。只不过某些快乐与本能有关，所以前面提"君子有三戒"，听从本能会制造困扰，最后求乐反苦。我们前面也提到孔子生活非常穷困，但是他依然快乐。孔子公开称赞颜渊数次，有一次他说："贤哉回也！一箪食，一瓢饮,在陋巷,人不堪其忧,回也不改其乐。贤哉回也!"(《论语·雍也》)中间九个字描写颜渊的穷困,但重点在后面的"不改其乐"。他不以生活的贫困为苦,因为他另有所乐之事。庄子喜欢写寓言,故事里面有真有假,但都很有含义。有一段谈到孔子劝颜渊出仕以造福百姓,颜渊拒绝了。他说:我家里分到一点田,每天能有一点稀饭喝;有一小块地,种种桑树养养蚕,可以有衣服穿,这样就足矣,我以老师的道为乐就够了。让颜渊快乐的究竟是什么样的道?就是人生的正道,人生的正道是抽象的,每个人都可以说,我这儿也是正道,世界上哪一个宗教会认为自己不是正道?孔子的道是一种人生哲学,聚焦在人的生与死之间,要从人的经验出发,找到人生的意义。这一点很有特色。

举个例子来说,我很真诚时,会察觉一股由内而发的力量,要求我采取适当的方式来对待我与别人的关系。真诚与否,是关键所在,所以儒家的思想,可以用"真诚"二字来界定。人是所有动物中唯一可能不真诚的。人的真诚是其他动物很难想象的,我们何时见过一只猫学狗叫?怎么学也学不像,它也不会这么做。只有人能够一辈子都在扮演他的角色。每个人都有不同的角色,儒家也了解这种困难。人扮演某种角色久了后，就会忘记自己是一个完整的生命。比如，有些人上班久了之后，以为自己就是工具，星期一到星期五就只是重复在工作，把工作完成了，每个月领薪水过日子，到最后，以为自己就是专门上班的工具。我有一个朋友，当公务员三十几年，退休后第一个月到处旅行，很快乐；第二个月就开始烦恼了，因为无班可上。最后，他对太太说："这样好了，从今天开始，你买菜前写一份菜单，我批准了，再去买吧！"他忘记自己是一个完整的生命，不但有工作，也要有休闲；有身，有心，还有灵；有今生，还可能有来世。因此，颜渊为什么快乐？颜渊说：老师的道让我快乐。孔子的道是要让人做一个完整的人，完整的人就是要成为君子，也应该成为君子。

自得其乐：真诚与礼乐

这一切都要从"真诚"开始，真诚是需要长期练习的。我在研究《易经》时，发现《易传》里有两句话可以用来说明真诚。第一句是"闲邪存其诚"（《易经乾卦九二·文言》），防范邪恶以保存内心的真诚。换句话说，真诚与邪恶势不两立。只要明白一件事是不对的，真诚的人一定与它势不两立。真诚时，做我自己，就会与邪恶势不两立，这也预设了"人性向善"。如果没有"人性向善"的观念，只说真诚和邪恶势不两立，怎么说得通呢？所以儒家思想很多地方都是一个点及一条线，提供了线索，但你要能将它们贯穿起来。第二句是"修辞立其诚"（《易经乾卦九三·文言》），说话时修饰言辞，才能建立自己的真诚。言为心声，很多时候我们言不由衷，是因为有外在的考虑，说一些客套门面话，或让自己觉得惭愧的话。因此，要说适当的话，表达内心的情感。

　　真诚需要修炼，一方面与邪恶对立，一方面要通过适当的言辞表达，也因为这样，孔子特别重视言语。孔子将教学分为四大科：第一科德行，德行一定要好。第二科是言语，弟子要懂得说话，清楚表达自己的思想和观念。第三科为政事，即今日所谓的政务与事务。第四科为文学，代表文献知识。每一科中，都列名了几个学生，德行科有四位，其他每一科都是两位（《论语·先进》）。孔子曾对其子孔鲤说："不学《诗》，无以言。"（《论语·季氏》）有两个理由，第一，《诗经》的内容都是作者真诚情感的表现，所以能帮助我们表达自己的真诚。第二，《诗经》中有许多内容能作为外交语言，外交语言较不直接而内敛，只需引用一句《诗经》，大家就了解彼此的意思，但前提是大家都读过《诗经》。《瓦尔登湖》是美国文学的重要代表，作者梭罗（H. D. Thoreau，1817—1862）曾经独自在湖边住了两年零两个月，体验离开人群的简单生活。两年多后，他找了个理由，测试自己还能不能回到社会。读哲学的人最喜欢找理由，梭罗是哈佛大学哲学系毕业的。我们在此提到他，是因为他独居时，身边就摆了几本希腊时代的作品：《伊利亚特》《奥德赛》，但他却感叹读了这些书反而找不到人谈话。英国学者承认，阅读莎士比亚的作品也有同样的后遗症。孔子时代的读书人都读《诗经》，说话较为文雅，并且通过《诗经》传达彼此心意，若是要拒绝对方，话也说得婉转。这说明孔子在教学的时候，在言语科特别用心。

　　孔子之道让颜渊觉得快乐，也让每个人觉得快乐，就是因为从"真诚"出发。真诚不是天真，如果真诚等于天真的话，何必读书呢？小孩子最天真了。真诚要与邪恶对抗，在知道世间所有的事情之后，还继续保持真诚的心。孟子说："大人者，不失其赤子之心者也。"（《孟子·离娄下》）小孩子的皮肤白里透红，称作赤子；大人是德行圆满之人，他的心可以和小孩子一样真诚，但是他的学问绝不像小孩子一般无知或天真，修养的成果就在于此。我们如何能够一面进入社会，努力学习所有该学的东西，包括知识，包括应对技巧，但是另一方面还能保持纯真的童心？这就要靠修养了。孔子经常谈到修养，譬如，他劝颜渊的四句话，就很值得参考："非礼勿视，非礼勿听，非礼勿言，非礼勿动。"（《论语·颜渊》）后来有人在祠堂里摆了四只小猴子，象征这四句话：一只蒙着眼，一只蒙着耳，一只蒙着口，一只双手合抱。人在世间确实有很多诱惑，因为我们耳目向外，喜欢看、喜欢听。心思要收敛耳目的诱惑，回到内心去思考，才能把握住自己。其实要怪耳朵、怪眼睛是不公平的，因为心定不住，你才会喜欢看、喜欢听，所以要设法加以规范。基本上从法律规范开始，往上是礼仪规范，再往上是主动修德行善。

孔子的修养达到什么境界呢？七十几岁的时候"从心所欲，不逾矩"（《论语·为政》）。这段话要分两个层面来看，"从心所欲"是每个人都喜欢的，我想怎样就怎样，但是困难在于后面三个字，"不逾矩"指的是没有违背规矩，矩包括法律、礼仪与各种规范。孔子这段话该怎么理解？这就牵涉到解读。孔子说他"七十而从心所欲，不逾矩"，代表他六十九岁以前从心所欲就有可能逾矩。这是合乎逻辑的推论，代表孔子一直很努力地在修养，到七十岁才能达到这个要求。我们反省自己就会发现，从心所欲就必然逾矩，这证明我们修养很差。从心所欲代表自然而然去做，不逾矩代表都能符合应该的要求。亦即他自然去做的都是他应该做的，而应该做的事他都做得很自然。我们呢？自然去做的事都是不应该做的，应该做的事都做得不自然，所以活得很辛苦。孔子到七十岁的时候，自然的就是应该的，应该的就是自然的，这是人生的最高境界。他怎么做都能恰到好处，怎么说都符合规矩。这不是偶然的，不是到了七十岁生日一觉醒来就成功了，这是一生慢慢修养成的。

孔子年轻时，因为生活穷困，必须做很多事养家糊口。根据孟子的记载，他年轻时曾做过"委吏"（管理仓廪）与"乘田"（管放牧牛羊）。当时有三家大夫瓜分鲁国的权力，孟氏、叔氏、季氏各占了三份，鲁君只剩下最后一份。在此情况下，季氏的权力最大。孔子年轻时在季氏手下当委吏，管仓库，一年下来绩效卓著，人只要专心负责，每天上班的时候认真工作，任何事情都能做好，孔子就是个例子。孔子管仓库管得很好，季氏就让他管理牧场，一年下来牛羊长得特别肥壮，繁殖率增加数倍，这也是因为他尽忠职守。孔子在二十多岁时，做了许多基层公务员的工作，几年后，发现还是需要专心研究学问。不过，他还有另外一个赚钱的本事，就是替别人办丧事。

　　我刚开始研究中国哲学时，有许多因素使我产生研究孔子的兴趣，其中之一就是看到冯友兰教授的《中国哲学史》。现在在美国，学中国哲学的人都要读他的英文翻译本。我是看中文本原文，觉得有些地方写得不太对。他将孔子和苏格拉底相较，他的比较很有趣，他说孔子、孟子、荀子有三位；苏格拉底、柏拉图、亚里士多德，也有三位，但是这两边如何比较呢？孟子比孔子晚了一百七十多年，荀子又比孟子晚了近五十年。可是荀子多次点名批判孟子，他也不是孟子的学生。西方的情况呢？柏拉图二十岁时遇见苏格拉底，跟在他身旁学习了八年，直到苏格拉底被判死刑。柏拉图流亡海外，四十岁回到雅典建立学院，他最好的学生是亚里士多德，读了二十年仍不肯毕业。亚里士多德本来想要接任学院院长，后来由柏拉图的侄子接任，其中大概有一些财产的因素，最后他才离开雅典。所以，苏格拉底、柏拉图、亚里士多德他们三个人是非常紧密的师生关系。中西双方比较之后，只有一点特色，就是各有三个人。

我们回到冯先生的书上，他说孔子比不上苏格拉底，因为苏格拉底公开反对收学费，他还痛骂辩士学派收很高的学费，但是孔子收了束脩。每一份束脩就是十束肉干。不过冯先生同情孔子，加了一句话：我们也不能怪孔子，因为生活总是要维持的。我读了觉得有点奇怪，孔子真的需要收束脩吗？后来我写了一篇论文，说明束脩并非指肉干，而是指十五岁以上的男孩子。东汉的学者郑玄写过"束脩谓男子十五以上"。起初，十五岁的贵族子弟进大学，真的要送上束脩（十束肉干）代表简单的礼，后来将束脩礼引申代表十五岁。古时候，女子十五岁要行"及笄之礼"，把头发束起来；男子二十岁叫"加冠"，年过二十即可成家，这是古时候习惯性的说法。那时没有月历能够精细地区分岁数，年龄不重要，重要的是人生阶段，过了那个阶段，生命就到不同境界，可以成家，可以立业，可以有其他的发展。

所以孔子不收束脩，他的职业是为人助丧，以此作为他主要的收入来源。这是一个高尚的行业。古代，贵族的丧礼有五十几道手续，一定要请专家协助，孔子就是这样的专家。他主持丧礼，井井有条，各种细节都办得很好。令人感动的是学生记载的："子食于有丧者之侧，未尝饱也。"（《论语·述而》）他们说："老师在家有丧事的人身旁吃饭时，从来不曾吃饱过。"这真是不简单，因为如果经常办丧事，久而久之，变成职业性的习惯，就不太有感情了。如果每天办丧事都很伤心的话，职业的压力太大，但是孔子不一样，他的情感每天重新开始。弟子为什么知道孔子没有吃饱呢？孔子身高体壮，平常与弟子用餐，每顿要吃好几碗饭；但替人办丧事时，吃半碗饭就不吃了，所以学生说他"未尝饱也"。更重要的证据是，孔子说过："出则事公卿，入则事父兄，丧事不敢不勉，不为酒困，何有于我哉？"（《论语·子罕》）在外服事有公卿身份的人，回家事奉长辈亲人，为人承办丧事不敢不尽力而为，不因喝酒而造成任何困扰，这些事我都做到了，还有什么好让我担心的呢？"丧事不敢不勉"这句话就是证据。平均每个月都有两三次这样的机会，在古代的条件下，这个待遇是不错的。

再举最后一个旁证，孔子死后，他的弟子们也有些人以助丧为业，所以后来墨家嘲笑儒家说："这些儒家的学生们真不像话，听到有钱人死了就很高兴，说吃饭的机会来了。"（《墨子·非儒》）由此可以证明，儒家确实有这个专长，能替别人办丧事。孔子以此为业，是一个非常高尚，并且表现非常特别的人。还有一句话："子于是日哭，则不歌。"（《论语·述而》）孔子这天若是哭过，就不再唱歌了。我们要问，孔子为什么常常哭呢？因为他有真诚的情感，所以他办完丧事，今天哭了，就不再唱歌，明天太阳升起时，生命再重新出发。但是同一天之内的感情，不能又哭又笑，情绪不稳定，精神很容易出状况。我们可从这些例子中看到孔子的确能做到："喜怒哀乐之未发，谓之中；发而皆中节，谓之和。"（《中庸》第一章）他就是一位典型的文质彬彬的君子。

我们谈到孔子生活中的修养，把有关孔子的材料整合起来加以说明，并强调每个人都有这样的责任。要面对自己，从君子三戒开始，再通过对饮食、对言语、对每日的忧虑，一路修养下来。最后希望也能达到孔子说的"自得其乐"。也就是通过一系列修养，最终抵达快乐的层次，这与没有修养之前的快乐完全不同。人若没有修养，快乐只是本能的满足；有了修养之后，快乐则是心灵的安顿，坦坦荡荡。

第三讲：志业的传承

孔子作为老师，他的志业要让学生代代相传，形成一个有力的团体，在社会上起一种正面的作用。这当然是个重要的课题。

有教无类与因材施教

孔子原是第一流的学生，他当了老师之后，也用最好的方法来教导弟子，我们称为"因材施教"。释迦牟尼与耶稣也都是这样的老师，因为对待学生要按照每一个人特定的性格与实际的情况来引导他，直到他能够主动反省，掌握自己生命的发展路线。孔子因材施教的例子很多，并且很有参考价值。

　　譬如，孔子的学生子路，个性非常豪爽，也非常勇敢，他只比孔子小九岁。强调小九岁，是因为孔子很多学生比他小了四十几岁。古代的记录资料显示，子路年轻时，看起来像一个不良少年。他头上插着公鸡毛，身上披着野猪皮，带把剑在街上晃。有人找他决斗，他绝不回避。孔子问他："你为什么不来跟我学习呢？"子路说："何必学习，南山有竹，质量非常好，砍下来当箭可以射穿犀牛皮。"代表子路认为自己是天生的英才，不需要学习。孔子立刻回答："如果你把南山的竹子削尖了，装上箭头，后面插上羽毛的话，不是射得更深吗？"这就是因材施教。子路听懂了，立刻拜师。

　　子路拜师对孔子来说也有压力，因为子路喜欢研究军事、政治，对于艺术不太有兴趣，也不太有才华。这件事记录在《论语·先进》中，子曰："由之瑟，奚为于丘之门？"门人不敬子路。子曰："由也升堂矣，未入于室也。"这段话是指子路弹瑟，孔子听了很难过地说，你这种水平怎么到我门下来呢？结果其他弟子们对子路就不尊敬了。孔子觉得同学之间还是要有伦理，学弟要尊敬学长。于是说子路已经登堂而未入于室。一个人的家中，内室才是最奥妙的地方。厅堂只是客厅，外面还有庭院，子路至少已经进入客厅，但还没有到最深奥的地步，这就是"登堂入室"的典故。虽然子路带给孔子一些烦恼，但也有好处，就是自从子路成为孔子的学生以后，没有人敢公开批评孔子了。有一个这么勇猛的学生也不错。

孔子有一弟子曾点，曾点有一个儿子曾参。曾参十六岁时，父亲就要他去上课，这证明孔子说的："自行束脩以上，吾未尝无诲焉。"（《论语·述而》）十五岁以上的人，我是没有不教的。曾参很老实，听孔子说要孝顺，他就听父母的话，父亲打他，他从来不跑。事情传到孔子耳中，他把曾参叫来，叮咛他，父亲是大人，出手过重把你打伤，甚至打死了，别人一定会责怪你父亲。那就是你不孝顺，你要看他拿的棍子是粗还是细，拿粗的棍子你快跑；拿细的棍子你就让他打。这叫"大杖则逃，小杖则受"。孔子曾说："不得中行而与之，必也狂狷乎！狂者进取，狷者有所不为也。"（《论语·子路》）若找不到行为适中的人交往，则找志向高远或洁身自好的人。志向高远的人奋发上进，洁身自好的人有所不为。曾点属于狂者，理想很高但做起事来有些落差。曾参虽然孝顺，但曾点脾气不好，所以曾参经常挨揍。有一次，曾参在田里除草，不小心把一个瓜的藤给弄断了，瓜还没长熟，曾点就把他打得昏过去。以现代的标准来看，这算是家庭暴力。

孔子以"五经六艺"教导学生，他温故而知新，创立了儒家学说，他真正的期望是学生可以了解他的思想。别的老师也能教"五经六艺"，但孔子的创见是什么？这在研究上是很大的挑战。我提出长期研究的心得，希望让各位作为参考。

孔子的弟子子贡是言语科的高才生，口才很好。口才好的人常有一个缺点，喜欢批评，"臧否"谁好谁坏。他曾批评孔子不过是广泛学习并记得各种知识罢了。孔子知道后，就在上课时问他："赐也，女以予为多学而识之者与？"（《论语·卫灵公》）子贡承认："是啊，难道不是吗？"孔子说："非也，予一以贯之。"这两个字"非也"是很严厉的口吻，公开否定子贡所说的。作为哲学家，一定要有中心思想，没有中心思想，混乱不成章法，讲不出一个道理来，对于天人之际、对于生死问题就不能掌握。

《礼记》记载："善待问者，如撞钟，叩之以小者则小鸣，叩之以大者则大鸣，待其从容，然后尽其声。"要问老师问题吗？用力敲，钟就响得大声；轻轻敲，就响一点点声音；你不敲，孔子不会说。可惜，子贡看到老师这么严厉地说"非也"就跑掉了。因此孔子感到郁闷，怎么才能让弟子了解自己的一贯之道呢？他在找合适的机会。

孔子也有教学失败的例子。如曾参，理由何在呢？第一，曾参比孔子小四十六岁，太年轻了，不容易理解孔子的一贯之道。子贡比孔子小三十一岁，比曾参大了十五岁，并且特别聪明，是言语科第二名，但是连他都被孔子否定了，何况是曾参呢？第二，曾参反应比较迟钝，孔子评论过几个学生："柴也愚，参也鲁，师也辟，由也喭。"（《论语·先进》）柴是高柴，高柴愚笨；参是曾参，曾参鲁钝；师是子张，过于孤僻高傲；由是子路，子路粗野，不喜欢读书，直来直往。可见孔子对学生很了解，才能因材施教。曾参比较鲁钝，但是鲁钝的弟子往往表现不错，因为老实而专心向学，后来传承儒家思想的《大学》《孝经》，都是曾参之功。相反，聪明的学生很早就自立门户，把老师的思想放在一边。

曾参小孔子四十六岁，又特别鲁钝，怎么可能了解孔子的一贯之道呢？回到上课的现场，大家一起上课了。孔子说："参乎，吾道一以贯之。"（《论语·里仁》）他这样讲的用意，是点名要曾参来回答。曾参的回答应该是"何谓也"这三个字，结果曾参却回答"唯"。孔子听到曾参如此肯定的语气，反应非常激烈，立即离开了教室。他心想，我的一贯之道如此深刻，连你这个学生都懂了，我还说什么呢？接着，悲剧发生了！大家都记得子贡被老师批评的事，就围过来问曾参说："何谓也？"这三个字应该是学生请教老师的，结果大家居然围过来问曾参，曾参只好说，各位学长不要紧张，"夫子之道，忠恕而已矣"。

　　这句话本来也可以成立，但是后面三个字"而已矣"出现问题了，难怪孔子要说没有人了解我。《论语·宪问》记载孔子和子贡的对话：子曰："莫我知也夫！"子贡曰："何为其莫知子也？"子曰："不怨天，不尤人，下学而上达，知我者其天乎！"孔子说的一以贯之，经曾参一说却成了没什么了不起，只是"忠"与"恕"，从字面看也知道有问题。"忠、恕"不是两个字吗？后代两千多年来，大家拼命解释也没有用，还是两个字。尽己之谓忠，推己之谓恕。你再怎么尽己，再怎么推己及人，都是人我之间的关系，曾参一辈子都在思考人我之间的问题。孔子除了人我之间，还想到生死之间与天人之际，他能够清楚说出人的生与死的问题、天与人的关系。

曾参所关心的是人我之间，所以他经常思索："吾日三省吾身：为人谋而不忠乎？与朋友交而不信乎？传不习乎？"（《论语·学而》）曾子说："我每天好几次这样省察自己：为别人办事，没有尽心尽力吗？与朋友来往，没有信守承诺吗？传授学生道理，没有印证练习吗？"这些都属于人我之间的关系，因为他所领悟的就是这个层次。但《中庸》第十三章说"忠恕违道不远"，违是暌违的违，亦即忠恕离开道不远，可见它并不等于道。

曾参是一个用功的学生，年老时终于觉悟了。他说："士不可以不弘毅，任重而道远。"（《论语·泰伯》）意即读书人不能没有恢宏的精神与刚毅的态度，因为他任重道远啊。他接着说："仁以为己任，不亦重乎？死而后已，不亦远乎？"把行仁当作自己的任务，到死为止，所以行仁才是人生的光明大道。这才是标准答案，细读《论语》，"仁"才是孔子的一贯之道。这个字出现了一百零四次，每一次的脉络都不一样，孔子回答学生的问话，也是每一次的答案都不一样。

所以把"仁"当作人生的重要途径，才足以代表孔子的一贯之道。

知识分子：用世与行道

仁有三个层次。第一，人之性；第二，人之道；第三，人之成。

人之性是由真诚引发力量，由内而发，要求自己行善，这称为人之性向善。人之道在《论语》中出现最多，每一个学生请教老师什么是仁，就是在问：我这一生该怎么走上正路？人之成，就是杀身成仁。这样一来，就把仁分为三个层次：人之性，由真诚而向善；人之道，择善固执；人之成，止于至善。儒家的核心思想，孔子的一贯之道就此展现。他用一个"仁"字把人的生命整合起来。一个人活在世界上要真诚，真诚就会引发力量，由内而发，让自己主动去做该做的事。

人们行善大多是被动的。儒家的关键在于真诚，真诚使人主动行善或守法重礼。我有一个朋友半夜开车，一点多了还在路上奔驰。前面红灯亮了，他想半夜怎么会有人呢，就直接开过去了，后面警车追了过来，原来警车藏在树后面，他没看到。警察把他拦下来，问他："你刚刚没有看到红灯吗？"他说："看到了。""你不知道红灯要停车吗？""知道啊。""那你为什么没有停呢？""因为没看到你啊。"这叫被动，这种被动的情况举世皆然。

美国一篇报道做了一个民意调查，结果真令人担心。他们问路人：如果你可以隐形的话，想做什么事？接受访问的美国民众，居然高达百分之八十都说要抢银行。这说明满街都可能是强盗，太可怕了！其实人本来就是被动的，父母教我们、老师教我们，有约束我就照办，但是人生成长的关键，就是要"化被动为主动"。你不能主动的话，一辈子都要等别人叫你这样做、那样做，人生还有什么希望呢？

但是，我们也不要责怪现代人，不要说现代人诱惑比较多，因为古人也一样。在柏拉图的《理想国》中有一个故事。古代有一枚神奇的戒指，戴上人的手指之后，这个人就隐形了，电影《魔戒》即得自这个故事的启发。一个牧羊人发现这个秘密，得到这枚戒指后，结果受不了诱惑，就把国王杀了，取而代之。这说明古今中外都有这样的问题，人生最难的就是自律。所以儒家教学生要真诚，引发内在的力量，化被动为主动。

　　孔子的弟子中，最杰出的是颜渊。颜渊问仁，子曰："克己复礼为仁。"（《论语·颜渊》）这段对话的意义，自古以来争论不休。我们先说明一点，颜渊比孔子小三十岁，不仅好学，德行也是最好的。《论语·述而》记录了一段孔子对颜渊说的话："用之则行，舍之则藏，唯我与尔有是夫。"有人任用就发挥才能，没人任用就安静修行，只有我与你（颜渊）可以做到吧！这等于是把颜渊抬高到与老师相同的层次了。所以，当颜渊请教什么是仁时——这是非常重要的问题，最好的弟子问了孔子最关键的问题，而孔子的回答一定是他生平所学的精华。但是大家都误解孔子的意思了。历代的解读是：克制自己的欲望，以实践礼的规范。言下之意是说：颜渊有不少问题，要先克制他的欲望。这个解释完全不通，因为颜渊是孔子学生中最没有欲望的，孔子因材施教，他不会对颜渊做这样的要求。

　　不只我认为颜渊没有欲望，庄子早就说得很清楚。庄子在《人间世》中写过一段话，提到颜渊很想去帮助卫国。孔子阻止他，说他还需要修养。颜渊认为修养已够，孔子说：

你还需要守斋。颜渊很难过地向老师说：我家里很穷，已经三个月没有吃肉没有喝酒了，您还要我守斋吗？孔子说，是守心斋。这当然是庄子的想象之词，但足以反映颜渊的贫困生活。

克己复礼的"克"字在古代有两种解释，一是"克制"，二是"能够"。像《尚书·尧典》的"克明俊德，以亲九族"，能够展现高尚的德行，以照顾九族，即家人亲属都可以照顾到了，所以在此"克"是"能够"的意思。

这段话我的白话翻译是：颜渊请教什么是人生正途（仁就是人生正途），孔子说，能够自己做主去实践礼的规范，就是人生的正途。孔子后面还继续说：只要有一段时间，能够自己做主实践礼的规范，天下人都会肯定你是走在人生正途上。走在人生的正途上要靠自己，难道要靠别人吗？最后那一句就是关键："为仁由己，而由人乎哉？"行仁要靠自己。前面的"克己"，指的是自己能够做主做什么事。如果把它说成"克制自己的欲望"，后面的"由己"讲成由自己来做，这不是矛盾吗？一个自己分成两半，一个是不好的自己，要克制；一个是好的自己，要由己。一句话里面的"己"分为两个相反的意思？我还没见过。

　　我们相信孔子很谨慎地回答颜渊，也肯定这个答案是他一生学问的精华，将人生从被动变成主动。从小时候听别人的话去做，到现在是我自己要做，为什么？因为我真诚，只有真诚才能让力量由内而发，是我自己愿意做的。我的学生很年轻，我会用这样的经验与他们分享。譬如，几个学生舒服地坐在公交车上，下一站，上来一位老太太。这时候学生的反应很有趣，有的闭上眼睛假装睡觉，有的打开书本假装念书，有的把脸转向窗外假装欣赏风景，大家都不愿意面对老太太站着的这个事实。因为人有惰性，不愿意真诚面对自己。此时车子忽然刹车，老太太摔一跤，这时候大家都站起来了。为什么？这时候才发现：宁可忍受汽车的颠簸，也不能忍受良心的煎熬。这种经验我在当学生的时候也发生过，所以就变得比较聪明了，老太太一上来就立刻让座。晚让不如早让，晚让的话，别人会说你终于良心发现了；早让的话，别人会说这个人很主动。这说明关键在真不真诚。不真诚的话，只是一个乘客；真诚的话，就是一个人。是人就要想：老太太比我更需要座位，把座位让给她是应该的。但这无法保证等我将来老的时候，别人也会让座位给我。儒家不在乎这种后面的效果，而在于做我该做的，当下心安、当下快乐。

这个时候发现站着比坐着还快乐，因为你把座位让给需要的人，这就是儒家的思想，由真诚引发力量，由内而发，做我自己生命的主人。这就是人之性，因真诚而向善。

人之道要择善固执。若要能择善固执，必须先了解什么是善。这时要考虑三点：第一，内心感受要真诚；第二，对方期许要沟通；第三，社会规范要遵守。

第一，我与别人来往一定要真诚。真诚不是天真，而是经由合理的思维，要与邪恶隔绝，也适当表达我的言辞。我的内心感受要真诚，对一个人有几分感情说几分话。我们常说，见面三分情，加上日久生情。交浅言深不适合，但是交往了好几年还是讳莫如深，这也不好。隐瞒就代表隔阂，与人相交贵在真心，有几分感情就表现几分，这样说话才能适当。第二，对方的期许要沟通，譬如你希望我做的，我做不到，就坦白说明自己能力有限；我做得到的，就表达我的意愿，双方要理性地沟通。第三，社会规范要遵守，任何社会都有既成的规范，大家一起来遵守，社会才能安定。这三点如果彼此之间有落差，甚至出现冲突，又该如何呢？要以第一点的真诚为主。

譬如，古今社会规范不同。以前对男女的界限，叔嫂不通问，连问候都不行。读《孟子》就知道当时有"男女授受不亲"之说。有人问孟子：如果嫂嫂掉到水里，快淹死了，我能不能伸手救她？因为儒家讲究礼，所以故意问孟子这个问题。但这怎么可能难倒孟子呢？真正的哲学家就怕你不问，你只要问，他肯定有一套圆满的思想，他的学说也是一以贯之的。孟子说：嫂嫂落水，不去救她是豺狼虎豹，太残忍了；去救则是通权达变。这说明了不能只执着于社会规范。人与人之间各有特定的关系，我有深刻的情感，你有特殊的期许，我们尽量不违背法律，但遇紧急状况时，就不能管这些了。现代社会也一样，看到身边一位漂亮的女士，你没事去拉她一下，那是性骚扰。但若后面有车过来快撞到她了，你说我可不能性骚扰，于是眼看着她被撞死，那就太残忍了，法理不外人情。

　　我们介绍孔子的思想，说明人性向善要配合真诚，择善固执要考虑三点，而最终仍须以真诚为主。因为只有真诚是一个人可以完全负责的。我不能要求其他人的期许太高或太低，我只能要求自己问心无愧。最后还要努力达到止于至善的境界。我用了三个词，向善、择善、至善，以之联结人之性、人之道、人之成，合而观之就是一个"仁"字。孔子说

"吾道一以贯之"，就是用"仁"把他的全部学说贯穿起来，从人生下来到生命的结束，都有一个相通的道理，都有一条光明坦途可以走。

儒家的人生理想

学习儒家思想能让人明白应该怎么过这一生，人的内心自然就容易快乐，至于外在的成就，则要看机缘。我们常说孟子最了解孔子，一般人听到颜渊会觉得他很穷、很可怜，还不幸短命，比孔子早过世，非常可惜。但是孟子却说："禹、稷、颜回同道。禹思天下有溺者，由己溺之也；稷思天下有饥者，由己饥之也。是以如是其急也。禹、稷、颜子，易地则皆然。"（《孟子·离娄下》）这句话是对颜渊最高的评价。颜渊一生没有做官，没有成就任何事业，只是努力修养德行。很多人认为不要太在乎德行，万一短命又如何？也有人认为，德行好，身体不好又有什么用呢？没有正式的功业啊。但孟子说什么？大禹治水，后稷教百姓稼穑，都是古代的圣人。

但是，大禹、后稷如果与颜渊交换处境，成就也是一样的。这一句话不但充分了解颜渊，也肯定他的德行成就。人活在世间，无法要求一定要成就什么事业，因为成就绝不能用外在的名利权位来衡量，人的真正成就在内不在外。儒家、道家在这方面是一致的。儒家强调完美的人格，道家强调完美的智慧，他们分别发展，各有所重。

知识分子为什么具有使命感？《论语·宪问》记载："子路宿于石门。晨门曰：'奚自？'子路曰：'自孔氏。'曰：'是知其不可而为之者与？'"守城门的人见多识广，他听到子路从孔氏来，就说孔子是"知其不可而为之者也"。我去曲阜参观孔林、孔庙，有人问孔庙为何有"生民未有"四个字的横匾。它来自《孟子·公孙丑上》，孟子把孔子的学生推崇他的话整合起来，结论是"自有生民以来，未有孔子也"。指的是从有人类以来，没有像孔子这样的人。当然，古人不知道希腊、印度这些地方，只是就他们所认识的人来说。一个守城门的人说他是"知其不可而为之者也"，这话就有客观性了。

明明知道理想不能实现还是要做，那是为什么呢？举例来说，国家就好像一辆游览车，天子就是司机，他开车带着全体百姓去一个风景很好的地方享福，就如同摩西带领犹太人出埃及，去一个流出牛奶与蜜的地方。结果开车开到一半，天子心脏病发倒了下来。这时车上谁有使命，谁有责任去开车呢？有钱人吗？有权力的人吗？凶悍的人吗？答案很简单，懂得怎么开车的人。这就是知识分子的使命感。知识分子并非狂妄自大，而是学会五经六艺之后，知道如何治理国家，如何照顾百姓。

古代也有这样的例子，如商汤、周武王，遇到国家有难，必定先反省自己。所以，知识分子的使命感是怎么来的？因为他懂得如何让国家走上正路。西方也是如此，柏拉图强调，一个城邦最好是由哲学家来担任君王，万一做不到这点，就只好让君王学习哲学。哲学家的原则很清楚，他爱好智慧，不会只考虑实际的效益、财富或享受，他希望把百姓带进一个理想的城邦。

自有人类以来，知识分子总是少数的一群人，一辈子都希望追求真理，希望对平凡人的现实生活有所贡献，让社会能够向上提升，人间愈来愈美好。其实很多伟大的圣贤，自身没有什么享受。释迦牟尼本是迦毗罗卫国的王子，出生不久，他父亲就找人算命，知道他将来会出家。父亲当然不希望如此，十六岁就为他娶妻。他在二十九岁时首度出城，看到老人、病人、死人，因而明白众生皆苦，下定决心要替人类解决苦难，于是出家修行，最后创立了佛教。

苏格拉底晚年被别人诬告，因为他言辞犀利，揭穿许多名人的面具，逼得大家去追求真理。那些伪善的人遭他揭穿，于是联合起来告他，让他被判死刑。他本来可以逃狱，连狱卒都想帮他。但他拒绝了，因为他认为按照法律程序，判我有罪我就接受，逃狱反而违背了法律。苏格拉底最后喝毒酒死了。耶稣呢？从一般人的角度来看更惨，才三十三岁，就被钉十字架而死。

子贡在孔子周游列国期间，听到有人说孔子是丧家狗。孔子很幽默地说自己是有些像啊！事实上他的生命充实圆满。子贡很了解孔子，宣称："夫子之墙数仞，不得其门而入，不见宗庙之美，百官之富。"（《论语·子张》）我们老师家的围墙很高，若是找不到门进去，就不知道里面有什么，找到门进去的话，其中富丽堂皇，难以想象。孔子出身于平凡家庭，经过一生的修炼而领悟一贯之道，使生命趋于圆满。这种圆满的生命，要把个人自我的成就与整个社会的发展结合在一起，亦即我一个人行善时，别人也会因相对的互动而行善，这就是儒家的思想。

儒家的人生理想，一如孔子的志向是："老者安之，朋友信之，少者怀之。"（《论语·公冶长》）孔子希望让老年人都得到安养，朋友们互相信赖，青少年得到照顾。这十二个字，是自有人类以来的最高理想。耶稣、释迦牟尼、苏格拉底，也都有着相似的理想，要让每一个人都得到安顿，尤其老与少是最弱势的。最弱势者可以得到照顾，朋友间可以互相信赖，代表社会上轨道。我们如果了解孔子的理想，也会希望我们身边的人由近及远都可以得到安顿，得到快乐，所谓"己欲立而立人，己欲达而达人"（《论语·雍也》）。

主题二：
肯定群我关系

第一讲：亲情出于天性

说到亲情，我们最先想到的是孝顺，"百善孝为先"也是人们耳熟能详的。但是，孝顺为何那么重要呢？我们要在儒家的学说里找一些根据。

人的生理、心理与伦理

宰我是孔子门下言语科第一名的学生，他非常聪明，口才特别好，他在《论语》中前后至少出现四次，每一次都受到孔子的教训。我们最熟悉的是宰我白天睡觉的那一章。

宰予昼寝。子曰："朽木不可雕也，粪土之墙不可杇也。

于予与何诛？"子曰："始吾于人也，听其言而信其行。今吾于人也，听其言而观其行。于予与改是。"（《论语·公冶长》）宰予白天睡觉，孔子很不高兴，他说："朽木不可雕也，粪土之墙不可杇也。"为什么用这么严厉的话来批评学生呢？因为这个学生口才特别好。孔子后面接着说："我以前听到别人说的话，就相信他会做。从现在开始，听到别人说的话，我会先观察他的行为，再评断这个人，我是因为宰我才开始改变的。"其实白天睡觉本来不是什么严重的事，但因为古代没有电灯，只能用油灯或者其他的照明设备，一般人没有什么能力来负担，所以日出而作，日入而息。除非在病中休养，否则白天没有理由睡觉。

宰我对于孔子的教学内容会反省，而不是全盘接受，教这种学生是很有挑战性的。按古礼规定，父母过世，子女守丧三年。三年是指二十五个月。宰我认为时间太长了，应该缩短为一年。他的理由非常精彩，也非常完整，他从两方面思考。第一，他认为："君子三年不为礼，礼必坏；三年不为乐，乐必崩。"（《论语·阳货》）我们现在说文化的瓦解就是礼坏乐崩，宰我把它和三年之丧连在一起。譬如你让一个小孩学钢琴，他如果二十五个月没有练习，再弹起来肯定是不太理想，所以三年对于人文世界的挑战太长了，不应该那么久。第二，他提到自然世界："旧谷既没，新谷既升，钻燧改火，期可已矣。"古人钻木取火，一年四季使用五种木头（夏季分为两阶段）。鲁国在山东，谷物是一年收成一次，所以一年是一个周期循环。宰我的质疑兼顾了人文世界（礼与乐）与自然世界（谷与火）双方面的条件，可说相当周全，因此他说三年之丧太长了，一年就够了。

　　孔子碰到这样的学生也会尊重，不能以权威来压制他。但是，这个问题很难讨论，因为社会上的伦理规范是长期形成的，在设计时所考虑的时空背景很难说得清楚。三年不行礼乐，真的会忘记吗？有些人也许十年也不忘，有些人恐怕三个月就忘了，因此很难有个客观的标准。稻米一年收成一次，但台湾地区也有一年收成三次的，周期的循环又变成相对的了，所以孔子不跟他讨论这些细节。孔子了解全盘的道理，立刻转移焦点，因为伦理规范不是礼教吃人，而是为了满足人内心情感的需求，有这样的情感，才需要那样的规范来配合。孔子于是问宰我："食夫稻，衣夫锦，于女安乎？"守丧未满三年，就吃白米饭，穿锦缎衣，你心里安不安？孔子把焦点转向是否心安理得。他当然希望宰我说："恐怕不安吧！"或是说："我再想一想。"没想到宰我喜欢辩论，对老师也毫不客气。

这种讨论本来是好事，亚里士多德就曾说："吾爱吾师，吾更爱真理。"他认为柏拉图的理想国无法实现，而亚里士多德很重视现实世界，自己还担任过亚历山大大帝的老师。唐朝韩愈也说："弟子不必不如师，师不必贤于弟子。闻道有先后，术业有专攻。"虽然孔子希望宰我能再继续请教于他，但偏偏宰我听到老师问心安与否时，他直接说："安。"于是，孔子以难得严厉的语气说："女安，则为之！夫君子之居丧，食旨不甘，闻乐不乐，居处不安，故不为也。今女安，则为之！"孔子认为君子居丧的时候，吃好东西不觉得可口，听好音乐不觉得开心，住舒服的地方不觉得安适，所以才愿意守三年之丧。宰我看到老师如此生气，立刻离开教室。宰我离开教室后，孔子对留下来的学生说："予之不仁也！子生三年，然后免于父母之怀。夫三年之丧，天下之通丧也；予也，有三年之爱于其父母乎？"一个小孩子生下来，三岁才能离开父母的怀抱，这是一个客观的事实。古时候男主外，女主内，孔子居然观察得那么细腻。所以儒家的哲学，是建立在客观的经验上，并非闭门造车。

　　美国有个案例，一所医院发现他们收留的弃婴个个都目光呆滞、面无表情，只有一个例外，这个孩子见人就笑。其实他的表现是正常的，却在那样的环境中显得突出。医生与护理师都受过科学训练，于是装上录像机，二十四小时监视。一周后，他们有了答案。原来每天下班前，医院的清洁妇人扫地收垃圾时，经过这个小男孩旁边，就逗他玩半个小时。所以，每天有人关心半小时，就使这个小孩超越其他小孩。一个人如果没有父母长辈的细心照顾，不可能顺利成长。美国人到最近才通过研究得到此一心得，而孔子早就说过：小孩子生下来到了三岁，才能离开父母的怀抱。这叫作"洞见"，哲学家的伟大就在这里。

　　美国另一所医院也收容弃婴。他们进行了一个简单的实验，把小孩分成两组。第一组孩子每天由固定的护理师照顾，孩子每天都看到同一张脸；第二组孩子每天换人照顾，孩子每天看到的都是不同的脸。半年下来，第一组孩子的智商发展，超过第二组孩子达一倍以上。所以，人能够正常成长，能够上学念书，平安成长，一定需要安全感。孩子有了安全感，潜能得以正常而不断地发展。所以，如果不是宰我向老师挑战，我们就没有机会读到孔子的说明。

　　我们从这里所领悟的心得是什么？首先，伦理是指人与人之间相处的规则，如君臣、父子、夫妇、兄弟、朋友之间，相处上皆有规范。伦理规范是基于内心的情感，我们有这样的情感，才需要这样的规范。譬如，见到老师要鞠躬，但前提是我内心对老师有真感情，如果没有，我的鞠躬就是被迫的。情感出于自然，外在的规范就可以配合。"百善孝为先"，为什么我们对父母的情感特别深呢？因为每个人都有幼儿依赖期。人是万物之灵，但人类的孩子却是最脆弱的。一只斑马生下来四十分钟就必须跑，它跑不动的话，狮子、野狗一来，自然就被淘汰了。人类的孩子生下来要三年左右才能离开父母的怀抱，这是生物中最长的幼儿依赖期。所以，人类幼儿依赖期在生理上的需求，导致心理上对父母有亲密的互动和关怀的情感，这就是孟子所说的："人之所不学而能者，其良能也；所不虑而知者，其良知也。孩提之童无不知爱其亲者，及其长也，无不知敬其兄也。"（《孟子·尽心上》）我们基于生理上的需求，造成心理上的情感，以至于我们看到父母快乐时，自己也会快乐，因此，孝顺就是希望父母永远快乐，这不用勉强，也不需要有人来教。但是，由于人很健忘，所以才会有"养儿方知父母恩"的说法。我常思考一句话："我们与子女一起成长，与父母一起成熟。"我们通过孩子的成长，恢复对自己成长过程的记忆。看到父母年纪大了，慢慢衰老了，需要我们的照顾，也联想到我们将来的情况。人的生命要想源远流长，就需要将子女和父母连贯起来，成为一个生命之流。所以，儒家讲的孝顺并非教条，而是有根据的，从人的生理、心理到伦理，整个连接起来，形成一个系统。

孝顺的具体作为

怎么做才算孝顺呢？《论语》有五百多章，谈到孝顺的地方大概十章。学生问什么是孝顺，或怎么做才算孝顺，孔子的回答也不尽相同。譬如，鲁国的贵族（孟氏、叔氏、季氏）中，孟懿子（孟氏的子孙）问孝，子曰："无违。"樊迟御，子告之曰："孟孙问孝于我，我对曰：'无违。'"樊迟曰："何谓也？"子曰："生，事之以礼。死，葬之以礼，祭之以礼。"（《论语·为政》）孔子与弟子讲话，在《论语》里用"子曰"，但遇到贵族的时候，就写成"子对曰"，表示恭敬的意思。

贵族再怎么年轻，都是社会上的高阶级。孔子重视古代的礼制，若非如此，人与人如何相处？到底要尊敬谁呢？年纪比较大的吗？比较有力气的？比较凶悍的？孔子觉得自己回答孟孙的答案没讲清楚，于是便利用学生樊迟替他驾车时补充说明。幸好樊迟懂得问："何谓也？"没有像曾参直接说"唯"惹出许多纠纷。孔子说："父母活着的时候，依礼侍奉他们。父母过世后，依礼安葬，依礼祭祀。"孔子连说了三个"礼"字，礼和上层社会脱不了关系，因为实践礼是很花钱的，需要排场，需要一定的规格。所以孔子教学生的时候，就教贵族要守礼，其实这是很不容易的。一个人有钱之后，财大气粗，经常不守礼。孔子谓季氏八佾舞于庭："是可忍也，孰不可忍也。"《论语·八佾》孔子为什么反应激烈呢？因为八佾舞是天子才能享有的规格，天子八佾，诸侯六佾，季氏是大夫，只能舞四佾。季氏这么做，等于关起门来当皇帝，孔子当然很不满意了。

　　一般学生问孝的例子比较多。子游问孝。子曰："今之孝者，是谓能养。至于犬马，皆能有养。不敬，何以别乎？"（《论语·为政》）孔子说："现在所谓的孝，是指能够侍奉父母。但是像狗与马，也都能服侍人。如果少了尊敬，又要怎么分辨这两者呢？"一般的翻译，包括朱熹在内，都说：
"所谓的孝顺就是奉养父母亲。但是对于犬与马，我们也能
养育，如果没有尊敬的心，那跟养犬马有什么差别呢？"我
们奉养父母亲，要将自己喻为犬与马，因为狗替人看门，马
替人拉车，古人在动物里面特别挑出犬和马作为代表，因为
它们能够替人服务，到现在我们还说"愿效犬马之劳"。如
果儿女只是侍奉父母而不存尊敬之心的话，那与犬马照顾人，
有什么差别呢？所以我们侍奉父母时，还要保有尊敬的心，
这并不容易做到。

我们举曾参做例子。曾参非常孝顺，他的父亲曾点虽然
脾气不好，但是曾参还是一样孝顺。在《孟子》里有一段话
很有意思。孟子说，曾参奉养父亲曾点，每一顿饭都有酒有肉，
用毕，问父亲说，剩下的酒肉要给谁。因为他们的邻居是穷人，
曾参想让父亲的善心能够表现出来，关怀别人。后来曾参老
了，他的儿子就没有那么孝顺了。儿子叫曾元，曾元养曾参，
每一顿饭有酒有肉，但是用毕后，不再问曾参剩下的饭菜给
谁。若是曾参问，还有剩下的吗？他会说没有，因为他准备
下一顿热一热再给父亲吃。孟子讲这一段话也感慨很深，三
代的差别就出现了。从曾点、曾参到曾元三代，要实现孝道

也真不容易，一方面奉养父母，另一方面还要让父母亲关怀其他人的心意能够表现出来。所以养父母是要养他们的心志，让父母行善的心志得以通过子女表现出来，而不是光奉养而已。这是有关奉养父母并要尊敬父母的重点。

子夏也请教怎样才叫孝顺。子夏问孝。子曰："色难。有事，弟子服其劳；有酒食，先生馔；曾是以为孝乎？"（《论语·为政》）色难指的是脸色要表现愉悦最难。我们常常说"久病床前无孝子"，父母长期生病，到最后子女就没有耐心了，变成父母要看子女的脸色，孔子这话说得多深刻啊！父母在生病的时候，我就拿这句话提醒自己，一定要表现愉悦的脸色。孔子谈到孝顺，居然这么深刻、亲切。孔子三岁时，父亲就过世。根据司马迁的说法，他十七岁时，母亲也过世了；也有人说孔子成家之后，二十岁时母亲才过世。无论如何，孔子在二十岁前后，父母都过世了，但他依然懂得什么叫作孝顺。有时候，父母不在了，他的思念反而更为深入，更为亲切，所以他给学生的建议都很具体。

另一位学生的出身背景也是贵族，孟武伯问孝。子曰："父母唯其疾之忧。"（《论语·为政》）孔子的回答是："让父母只为你的疾病忧愁。"有时候生病是不得已的，除了疾病之外，任何事父母都不用替子女担心。

孔子还说过："父母在，不远游，游必有方。"（《论语·里仁》）很多事情都有原则，也有变通。原则就是父母健在，子女不应到远方去游历、游览、游学，甚至是去工作。因为古代交通不方便，一旦离家，恐怕好几个月，甚至一两年不能回来，父母会担心的。孔子好像预见了今天通信设备的方便，所以加上一句"游必有方"，到外面去要让父母知道你在什么样的地方。做子女的往往不太容易想象父母对子女的挂念，等自己做了父母，才会明白。

孔子还说："父母之年，不可不知也。一则以喜，一则以惧。"（《论语·里仁》）父母的年纪不可不知，一方面父母年纪大了，为他的高寿而开心；另一方面也担心他的衰老。对于父母的年龄，我们常常忧喜参半，孔子这样的说法，我们今天听起来，还是非常合情合理的。孔子常常遗憾无法尽孝，因为他年轻的时候父母就过世了，所以他很羡慕别人父母健在，也鼓励别人好好珍惜亲情。

我们常听到人说"天下无不是的父母"，并且说这是儒家的观点，我要郑重澄清，孔子、孟子不会讲这种不合理的话，这句话是宋朝学者罗仲素所说。父母是平凡人，成家之后可能有子女，但他们的德行并不会因此而改善。如果说天下无不是的父母，所有天下做父母的都变成好人，那么世界上还有几个坏人呢？是否坏人结婚生子就会变成好人呢？可见这话不合逻辑。所以，这句话只是要说明天下没有父母不关怀子女的，子女面对父母的时候，尽量要从善意来了解，不要分析父母的对或错。也许父母所认为的好，不是子女所能接受的好，这可以讨论、商量。孔子说过："事父母几谏，见志不从，又敬不违，劳而不怨。"（《论语·里仁》）侍奉父母时，发现父母可能做错事，一定要委婉劝阻。既然要委婉劝阻，就表示父母做的很明显是不对的事。父母做坏事，做子女的实在无法负连带责任。假设有一个小孩，父母以杀人、骗人为生，小孩长大后，知道人生的道理，就劝父母别再这样了，父母说那怎么养活你呢？这个问题谁都没有办法回答。子女既然知道父母做的事不对，就要委婉地劝阻。如果父母不听的话，照样尊敬父母，不要直接违抗他们。但是内心忧愁，不要抱怨。讲得多么婉转，还是不要抱怨。因为对我们来说，天下没有比父母更伟大、更重要的人了。

　　古人把父母比拟为天地，没有父母就没有我们。即便父母有错，子女没有理由也没有权利对父母恶言相向。天下只有亲子关系是不可逆的。所谓可逆，就是说你打我一拳，我踢你一脚，你对我不仁，休怪我对你不义，这是可逆的。兄弟可能阋墙于内，更不要说是朋友。这样的要求不公平吗？当子女的将来也会当父母，没有什么不公平可言。子女若是对父母不好，恐怕父母也有教育上的责任。了解这一点之后，才能进一步了解儒家的思想。很多人常说，儒家思想不适合法治社会，《论语·子路》中有一段对话："叶公语孔子曰：'吾党有直躬者，其父攘羊，而子证之。'孔子曰：'吾党之直者异于是。父为子隐，子为父隐，直在其中矣。'"叶公对孔子说："我们乡里有个正直的人名叫躬，他爸爸偷羊，他就亲自去检举。"孔子说："我们乡里正直的人做法不一样：父亲替儿子隐瞒，儿子替父亲隐瞒。这其中自然就有正直了。"直代表真诚而正直，互相隐瞒不就违背法治了吗？不就变成为私情而伤害公义了吗？很多人因此批评儒家没有法治观念。孔子在这里并没有说这是正直，他只说这其中有直。

上尊祖先，外及天下

　　人的社会结构从家庭开始，组成一个部落，慢慢形成社会，最根本的情感来自家庭。如果父亲偷羊，儿子去检举，代表父子间不再考虑家庭关系，只考虑社会上个人的关系。这样一来，等于父亲与儿子是两个个人、两个不相关的个体，在法律之前人人平等，所以父亲犯了错，儿子去检举，完全没有人情问题。没有人情问题，社会因而趋于刻薄，后果非常危险。法家在秦国实践之后，刻薄寡恩，在秦始皇、秦二世后就结束统治了。一个社会的崩解即从这种亲情的沦丧开始。孔子并不是破坏法律，儒家绝不破坏法律，他考虑的是人类更根本的情感。

　　孟子经常推崇舜的为人，他的学生桃应请教他："如果舜的父亲瞽叟杀人，舜会怎么处理？"这问题很有代表性。舜是天子，天子的父亲杀人，天子怎么办？这段对话记录在《孟子·尽心上》，孟子说："舜视弃天下，犹弃敝屣也。

窃负而逃，遵海滨而处，终身訴然，乐而忘天下。"舜把丢弃天下看成像丢弃破草鞋一样。他会偷偷地背着父亲逃跑，沿着海边住下来，一辈子开开心心，快乐得忘记天下。所以儒家讲的"父为子隐、子为父隐"，绝对不是要破坏法律，而是强调人与人之间情感的重要性，要与法律分开来衡量。法律也有三等亲之内做证的效力有限的惯例，六亲不认是违背常理的。那么，儒家没有缺点吗？哪个学派没有缺点呢？但缺点有时候来自时代、社会的因素，有时候来自理论体系的不够圆满。儒家如果有缺点的话，恐怕是时代的因素比较多，而不是故意要造成人与人之间的紧张关系，并不是学习儒家之后就不再尊重法律了。

　　孔子所说的"直在其中"的"直"字，必须翻译成一个词：真诚而正直。它兼顾两方面：第一，内心真诚，直接表现出来；第二，外在的表现要正直。如果只谈正直的话呢，必定有人进一步问，正直的标准何在？是谁规定的？为什么这样规定？所以要强调真诚而正直。孔子也说过："人之生也直，罔之生也幸而免。"（《论语·雍也》）意思是说，人活在世间，原本应该真诚而正直；没有真诚而正直，还能够活着，那是靠着侥幸来免于灾祸。我在注解时，忍不住说：世间靠运气的人何其多啊！人能活着是靠真诚而正直，否则活着不舒坦、很紧张，那不也是一种遗憾吗？既然活着，就要有人格尊严，言行尽量一致，与人坦坦荡荡来往，才是真正作为万物之灵的生命。

孔子教学生要孝顺，因为亲情出于天性。有人问孔子何不参与政治？孔子说："《书》云：'孝乎惟孝，友于兄弟，施于有政。'是亦为政，奚其为为政？"（《论语·为政》）他引用《尚书》的一句话，说最重要的是孝顺父母，友爱兄弟姊妹，再把孝与悌的风气从家人到邻居间，慢慢推广出去，这就是政治。将政治推给几个领袖，说你们是领导者，要负责治好天下，其实是不可能的。政是众人之事，治是管理，要管理众人之事，最好的方法是让每一个人管理自己，每一个家管理自己的家，才有可能天下太平。

儒家重视孝顺，重视人类生命的基本结构。每个人都需要父母的照顾，才能慢慢成长。成长之后，再推扩到服务邻里、乡党、社会、国家。曾参说："慎终追远，民德归厚矣。"（《论语·学而》）丧礼能慎重，祭祀能虔诚，社会风气就趋于淳厚了。"终"是指生命结束。人有生必有死，以哀戚之心谨慎举行丧礼，才能表达对死者的尊敬与怀念，也使生者珍惜

生命并努力修德行善。"远"是指离我们较远的祖先。定期
举行祭祀，饮水思源，心存感恩，为人处事也就比较宽厚仁慈。
如此，社会风气就归于淳厚。常常念及祖先，对别人自然厚道。
一个人在社会上做坏事，往往都是没想到祖先、没想到子孙，
爱怎么做就怎么做，到最后出了问题，让祖先蒙羞。所以古
人用"无忝尔所生"互相劝勉，忝就是羞耻，不要让祖先感
到羞耻。不但如此，还要注意到子孙，因为如果你做得不好，
子孙也会难堪。孟子引用孔子的话说："'道二，仁与不仁
而已矣。'暴其民甚，则身弑国亡；不甚，则身危国削。名
之曰'幽''厉'，虽孝子慈孙，百世不能改也。"（《孟子·离
娄上》）孔子说："道路只有两条，行仁与不行仁罢了。"
虐待百姓太严重，自身被杀，国家灭亡；即使不太严重，也
会危及自身，国家削弱，死后谥号为"幽""厉"，即使他
有孝顺的子孙，一百代也无法更改。祖先做错事你再怎么样
都补不过来，那已成事实。你只能尽量行善，希望后人看到
子孙们的善行，对祖先的批评能缓和，说他后代中也有不错
的人。所以，如果一个人把自己的生命，放在祖先与子孙共
有的生命之流中，源远流长，一路下来，就会自我要求去行善，
整个社会自然会趋向敦厚的风气，人与人之间也比较容易互

相尊重。

在孔子和宰我的讨论中，从社会上的伦理规范，推到人的心理、情感上的需求，再推到人在生理上的脆弱、需要父母的照顾，可见它具有普遍性。每一个人都是从小慢慢成长的，他的生理、心理、伦理会连贯起来，所以后面所说的伦理（礼教），并不是要压制或迫害人，反而是帮助人的情感找到适当的表达方式。所以我们在一个社会推行礼乐教化时，绝对不能忘记内心真诚的情感永远是来源与基础。作为一个人，如果不能真诚地恢复内心真实的情感，那他的一切作为都是在作秀而已。

具体上该如何实践孝顺，则要视个别的情况而定。若能进一步，自己做到孝顺，进而推到整个社会，国家自然就治理好了。这是儒家的理想。无论如何，儒家肯定一个人能做到孝顺的话，父母子女相处就会愉悦，本身当下就有快乐。至于其他的正面效果，也会自然发展下去。

第二讲：友谊值得珍惜

　　人在家庭出生及成长之后，接着要进入社会，结交朋友。思考交友问题，会让人想到"缘分"一词。缘分有三点特色：

　　第一，缘有长有短。有人的缘分是一辈子，有人的缘分则很短，只有在中学时代一起念书，或在社会上共事，后来就没有再见面了。第二，缘有深有浅。有些人或许缘分很短，但是很深；有些人缘分很长，却很浅，一辈子都是淡淡的。第三，缘有好有坏。好的叫善缘，坏的叫恶缘。

　　所以缘有长短、有深浅、有好坏。一般人都希望与朋友的缘分能够长远、深刻，同时又是好朋友，这种理想能不能达到呢？孔子对朋友有什么样的见解呢？我们先谈谈孔子如何与朋友相交。孔子认为朋友之间的情感与道义很重要，朋友的财务状况他则不太在意。《论语·乡党》记载："朋友之馈，虽车马，非祭肉，不拜。"朋友送的礼，即使是车与马，只要不是祭肉，孔子不会作揖拜谢。如果朋友拿祭拜祖先所用的猪肉来送他，他的态度则非常慎重，还作揖拜谢，因为他认为朋友把他当作家族的朋友，这是一种深厚的情意。可见精神价值超过物质价值。如果你以贵重的车马当作考量标准，穷人怎么办？孔子这种明确的态度，让我们知道人生的价值是要由内在的情感来衡量，而不必考量外在的礼物是否贵重。

《论语·乡党》还记载："朋友死，无所归，曰：'于我殡。'"遇到朋友过世而无人料理后事，孔子就说："我来负责丧葬。"一般来说，这应该是家道中落或子孙不肖才会发生，而孔子能够雪中送炭，真是一死一生乃见交情。

从孔子对朋友的这两点做法可知，他是很特别的一个人。他有很多朋友，但还是很谦虚。在《中庸》第十三章中，他提道："所求乎朋友，先施之，未能也。"他说："要求朋友应该对朋友先付出心血，但我没有做到。"孔子认为自己没有做到先对朋友好，都是朋友先对他好。交朋友有很多方式，譬如雅典人很重视面子，绝对不占朋友便宜，彼此送礼时，先接受的人一定会回送更大的礼，他们在心态上非常高雅，对朋友的滴水之恩，涌泉以报。

交友：共学、适道、立、权

　　人与人来往是一种缘分，但也需要有同等层次的品格才
能增进这种善缘。孔子说："不得中行而与之，必也狂狷乎！
狂者进取，狷者有所不为也。"（《论语·子路》）找不到
行为适中的人来交往，则找志向高远或洁身自好的人。志向
高远的人奋发上进，洁身自好的人有所不为。言行都适当的
人最难找，有这样的朋友，自然可以向他学习，因为人与人
之间是互相影响的，所谓"近朱者赤，近墨者黑"。如果找
不到这样的朋友，那么要找怎样的朋友呢？那就考虑狂者与
狷者。狂者进取，狷者有所不为。

　　从孔子的观点来分析，可知教育的首要目的是要教学生
有所不为。有所不为就是对某些不够格调、不够水平的事情
不屑于去做，不是不想做，不是不敢做，不是不能做，而是
不屑于做。为什么？因为受过教育，知道哪些事情不够水平，
这叫作狷者。狷者很清高，有自己的理想，对于有损格调的

事情就不去做。这是第一步。孟子也说："人有不为也，而后可以有为。"（《孟子·离娄下》）不屑于做某些事，你才能积极地去做另一些事，那就是狂者了。狂者进取，不断地上进，总觉得今天要比昨天好，明天又要比今天好，这样的人生才有奋发的动力。所以孔子说，交朋友最基本的层次是与狷者来往，有所不为，同他在一起就不会为非作歹了。接着，要设法找到狂者，不断奋发向上。

当然，能够与中行者交往是最好的了。"中行"很难说清楚，其实就是当狂则狂，当狷则狷。如果只是狷者，可能什么都不做，太消极了；而狂者一直往前发展，则有些冒险。所以，要能当狂则狂，当狷则狷。孔子强调智慧的判断，什么时候该做，什么时候不该做，都需要灵活的智慧。每天都能感受生命的能量，头脑清醒而不因循苟且，因为每天都会出现不同的情况。

孔子对学生说，交朋友有四个阶段："可与共学，未可与适道；可与适道，未可与立；可与立，未可与权。"（《论语·子罕》）可以一起学习的人，未必可以一起走上人生正途；可以一起走上人生正途的人，未必可以一起立身处世；可以一起立身处世的人，未必可以一起权衡是非。同学们一起读书，称作共学，但毕业之后分道扬镳，对人生的要求也各有所重。立足就是立身处世有一定的信念，坚持某种原则与规矩，能一起做到这一点的人并不多见。权就是衡量轻重。孔子说过："道不同，不相为谋。"（《论语·卫灵公》）人生理想不同，不必互相商议。通常我们交朋友，往往是基于共同的兴趣和爱好，但是碰到人生的抉择问题，就要有朋友可以商量，而这是最难交到的朋友。

关于交朋友，孔子说："无友不如己者。"（《论语·学而》）这句话往往使我们觉得困惑，为什么孔子这么说呢？大家都不与不如自己的人交朋友，谁还交得到朋友呢？因为朋友总是有高有低，一经比较，怎么可能完全平等呢？到最后没有人可以交朋友了，于是只好说"有朋自远方来"，大概远方来的还没有机会比较吧？这样的理解显然并不恰当。孔子所说的"如"是"相似"的意思，亦即不要交那些与自己志趣不相似的朋友。人活着都要工作，请问工作之余，休闲的时候你做什么？这就要看志趣了。我放假时喜欢爬山，你放假时喜欢游泳，这样就没有机会相处。我放假去下棋，你放假去打球，我们怎么做朋友呢？所以，志趣相近的话，自然就容易交往，可以切磋琢磨，精益求精，这样的理解比较合适。

益友与损友

　　孔子提醒我们，朋友有益友，也有损友。三种朋友有益，三种朋友有害，但都是朋友，一定有某种缘分。这种缘分也许是同乡、同学、同事、同道，甚至同游——一起出国，都可能成为朋友。朋友的好坏怎么分呢？孔子说："益者三友，损者三友。友直，友谅，友多闻，益矣。友便辟，友善柔，友便佞，损矣。"（《论语·季氏》）

　　三种朋友有益：友直、友谅、友多闻。"直"代表真诚而正直。这样的朋友有时会带来压力，你做错了，他直接告诉你。但我们总觉得朋友不是应该多包容吗？所以，包容体谅是第二点。如果朋友只是包容体谅，最后可能忽略原则。亲情不能靠法律约定维系，但朋友之间一定要互相以正道期许。否则交朋友的意义何在？他不一定都对，但至少会直爽地面对你。孔子回答子贡问交友之道，他说："忠告而善导之，不可则止，毋自辱焉。"（《论语·颜渊》）朋友有过错，要真诚相告并委婉劝导，他若不听从，就闭口不说，以免自取其辱。正直的朋友犹如"忠言逆耳""良药苦口"，和这种朋友交往，互相勉励是很难得的，彼此要能了解对方的用心。

孔子反对人们把怨恨隐藏起来，继续做朋友。他说："匿怨而友其人，左丘明耻之，丘亦耻之。"（《论语·公冶长》）左丘明是古代鲁国的史官，觉得这样可耻，孔子也觉得这样可耻，因为交朋友第一要点就是坦诚。对其他人可能要考虑客套一下，比如对老板或对属下，如果对朋友还要客套，就没有什么道理了。既然是朋友，一定很容易建立共同的人生理想，化解不必要的误会。

益友的第二种是友谅。"谅"有两个意思，第一，说话算话，言而有信，但有时这种信用显得范围狭窄。有些人为守个人信用而不顾大局。"谅"的另外一个意义是体谅包容。如果因为一点误会，造成别人都不相信你，真正的朋友会了解你有不得已的苦衷，这就是体谅包容。

历史上最有名的例子，应该是"管鲍之交"。齐国内乱时，两位公子逃到国外。这时有两个好朋友，管仲与鲍叔牙，他们两人当时就有投资的概念，不把鸡蛋放在同一个篮子里，所以一人选一边。管仲选择公子纠；鲍叔牙比较老实，跟着公子小白，也就是日后的齐桓公。齐桓公即位后，想请鲍叔牙当宰相，鲍叔牙婉拒，反而推荐他的好朋友管仲。齐桓公对此非常不满，因为以前两军对峙时，管仲曾经一箭射中齐桓公的带钩（类似男性的皮带铜环，是一种装饰品），差点把他射死。鲍叔牙劝谏齐桓公，如果要成就霸业，就不要计较个人恩怨，而要为齐国着想。于是齐桓公要求鲁国把管仲送回来，管仲一进齐国边境，齐桓公立刻拜他为宰相，称他"仲父"。仲父有两个意思，一是尊称他为长辈，二是仲父代表叔父。管仲帮助齐桓公用外交手段避免了各国之间的战争。"桓公九合诸侯，一匡天下，不以兵车，管仲之力也。"（《论语·宪问》）孔子对管仲推崇备至，很多人因为管仲的生活过于享受而否定他，但孔子考虑的是他造福了天下人。齐国的宰相本来只负责照顾齐国人，但现在可以通过他的作为，让天下人都得到照顾。所以孔子说什么呢？他说"民到于今受其赐"，老百姓到现在还受到管仲的恩赐。"微管仲，吾其被发左衽矣。"如果没有管仲，我们早就被四周的蛮夷之邦给打败了。当鲍叔牙向齐桓公推荐管仲的时候，齐桓公手上有很多对管仲不利的资料。齐桓公得知管仲曾经贪污，鲍叔牙说管仲家有老母，为了奉养母亲只好贪污了；齐桓公又说，他以前打仗的时候临阵脱逃，鲍叔牙又说他家有老母，必须活着回去。像鲍叔牙这么好的朋友真是令人欣慰，这就是朋友间的体谅。

最后一个益友的条件是"友多闻"，指的是博学多闻。朋友喜欢学习，大家见面聊天的时候才有话讲。有时候我们看到许多人聚在一起，都是不太读书的人，聚会五分钟后就开始分享八卦，这些事情谈多了之后，自然觉得厌倦，无异于浪费生命。如果朋友博学多闻，各有专长，可以互相学习，见面的时候分享最新的观念，那是件很愉快的事情。

孔子又说三种朋友有害。第一种，友便辟，就是装腔作势，爱面子，让人无法感受到他的真诚。第二种，友善柔，就是刻意讨好，一见到你就说好话，想尽办法讨好你。第三种，友便佞，巧言善辩。这三种朋友都有害，我们要想想身边有没有装腔作势、刻意讨好、巧言善辩的朋友呢？我想还是有的，"群居终日，言不及义，好行小慧。难矣哉！"（《论语·卫灵公》）就是这个意思。一群人整天相处在一起，说着无关道义的话，又喜欢卖弄小聪明，孔子认为这样实在很难走上人生正途！

孔子另外提到三种有益的快乐，其中之一就是多结交优秀的朋友。是哪三种快乐呢？第一，乐节礼乐，用礼乐来调节生活。与人交往，礼让我们在人间有秩序，就身份、年纪各方面来衡量，使长幼尊卑有序，才能形成一种长期而稳定的关系。礼强调"分"，乐强调"和谐"，通过欣赏音乐让人的情感和谐。人活在世界上，如果只有分而没有合，人跟人相处会有很大的压力，彼此之间的情感很难协调。孔子特别崇拜周公制礼作乐，使社会有规范，也能保持和谐。所以孔子说，第一种有益的快乐，是乐节礼乐，用礼乐来调节生活，以此为乐。

第二，乐道人之善。称赞别人的优点，并以此为乐。这一点很难做到，通常我们是在背后讲别人缺点。"哪个人前不说人，哪个人后没人说。"最后就变成互相批评、见不得别人好了。

第三，乐多贤友，"贤"代表杰出的、优秀的朋友。多结交这样的朋友，自己也会日趋于善。

孔子也提到，三种快乐是有害的。快乐让人高兴，但却有害处，是什么样的快乐呢？乐骄乐、乐佚游、乐宴乐。第一，骄乐是以骄傲自满为乐。第二，佚游是整天吃喝玩乐。

吃喝玩乐有它的乐趣，一到吃饭时间，立即感觉人生的美好。桌上的菜肴很丰盛，这种快乐非常单纯，只是满足本能需求而已。这种快乐会让人耽于逸乐而不知长进。第三，乐宴乐，三日一小宴、五日一大宴。这些都属于对身体需求的满足，很容易重复而乏味。

交朋友有三个层次，第一，要结缘。比如，喜欢读书，参加读书会；喜欢下棋，参加棋友社。只要有共同的兴趣，就会让大家聚在一起，说话有共同题材，进而建立共识，在许多方面可以互相帮助。第二，要惜缘，珍惜每一次相处的缘分。第三，要随缘。就算珍惜缘分，到了该分手时还是要分手，将来再见面时，希望大家更有长进、事业更有成就。

孔子的弟子曾参曾说过"君子以文会友，以友辅仁"（《论语·颜渊》）。"文"的含义非常丰富，孔子说过"文质彬彬，然后君子"（《论语·雍也》），这代表文化的素养。《易经》贲卦象传："观乎天文，以察时变，观乎人文，以化成天下。"简称"人文化成"，"文"代表人类文化的表现。一个人受过教育，有了改变，从思想观念到言语行动各方面，都能展现出教育水平，这当然也包括各种文艺活动。所以，君子谈文论艺与朋友相聚，再以这样的朋友来帮助自己走上人生的正路。"仁"代表人生的正路，独自走在人生之路上很辛苦，"独学而无友，则孤陋而寡闻"（《礼记·学记》），没有朋友很难坚持下去。各自在特定的工作岗位上，各自在不同的环境中，如何坚持理想呢？有时候好朋友不在身边，"海内存知己，天涯若比邻"。经常想起朋友，就如同他在旁边，可以互通音信、互相鼓励、互相支持。

朋友的情义

朋友是我们的镜子，可以照见我们的真相。所以，要了解自己的孩子，就看他交了哪些朋友。人生是不断在变化的，每一个阶段都有阶段性的朋友，过了那个阶段，恐怕只有极少数留下来。时间就像筛子，我们筛检别人，别人也把我们淘汰了。这是互相调整的过程，我们可以借此衡量自己的情感。譬如，把过去这一年交往最密切的朋友按照顺序列出十个人，接着问自己，我跟这些朋友认识多久呢？会发现大部分都是五年之内认识的。那么就要问了，五年之前的朋友到哪里去了？都被开除了。你把别人开除，别人也把你开除，因为不来往是互相的。如果交往最密切的朋友都是五年之内认识的话，那么，再过五年，现在的朋友也不见了。若是如此，人的生命将不堪回首，变得非常短暂。一个简单的建议是，将朋友分类，过去一年间来往的朋友中，最理想的比例是：有三四位是两三年之内认识的，由于工作或者特定的情况，你自然跟他们多来往；有三四位是认识五六年的；另外也有三四位是认识十年以上的。以我个人来说，有认识四十年以上的朋友，也在持续来往。因为认识超过四十年或五十年以上，可以回想那时候我们还青春年少。看到这样的朋友，就会想到自己年轻的时候有什么样的想法，和现在差了多远。

一个人到了八十岁，若还能记得十八岁时的理想，才能感受生命的源远流长与生命的一贯性，如此才有力量。否则，到了老的时候，就遗忘年轻时的理想，实在很可惜。有时候，一个人做不到的事，需要朋友互相鼓励、互相帮忙，所以人的生命过程不可能独自行走。儒家强调人与人的关系，非常重视社会理想，希望能尽自己的力量来改善社会。但是一个人的力量非常有限，一个人的理想往往只是幻想，除非他能得到朋友的支援。朋友们一起商量，认为这不是幻想，有可能与现实结合，也可能以某种方式实现，若能得到朋友的鼓励与支持，人生才显得完美。当然，孔子有很多学生，其中有些与他相处就像朋友一样，也有些年纪和他差距很大的"忘年之交"。对弟子来说，孔子是标准的良师益友；对孔子来说，这些年轻的弟子，也让他想到青春时期的热情和怀抱，想到人生的理想可以代代相传，努力实现。

如果吹毛求疵，要问孔子有没有不太理想的朋友呢？也是有的。在《论语·宪问》中，提到孔子的一位邻居，应该也是他的老朋友。这段记载很短，"原壤夷俟"。原壤这个人，孔子去他家拜访，他居然伸开两腿坐在地上等，孔子看到他，很生气地说："幼而不孙弟，长而无述焉，老而不死，是为贼。"接着还用他的棍子敲原壤的小腿，"以杖叩其胫"，想不到孔子还会打人。关于原壤的资料很少，有人说他在母亲过世的时候也没有落泪，照样过日子，故意想超越法律与礼仪的规范。孔子很不喜欢这样的人，孔子说他什么呢？年少的时候既不谦逊也不友爱，长大了没有什么值得传述的贡献，活得这么老了还不死，真是伤害了做人的典型。年轻人看到老人家一辈子不做好事却也活了很久，就会想自己也未必要做好事。我们都希望好人长寿，坏人短命。没想到孔子也有如此的朋友。

　　交朋友不能没有缘分，在《论语》中，我们可以看到，孔子总是鼓励、期许我们珍惜朋友情分。像《论语》的第一句话，大家都熟悉的："学而时习之，不亦说乎；有朋自远方来，不亦乐乎。人不知而不愠，不亦君子乎？"（《论语·学而》）的确，有朋自远方来，大家一起切磋琢磨，感受生而为人的特殊价值，真是值得我们好好珍惜。

第三讲：积极参与社会

儒家有入世情怀，总希望改善人间。《孟子·滕文公下》说孔子"三月无君则皇皇如也；出疆必载质"。三个月没有被国君任用，就着急起来；离开一个国家，必定带着谒见另一个国家君主的见面礼。事实上，孔子是为了抓紧时机为国家与百姓服务。但是，做官还是需要各种条件的配合。

如果想培养自己的口才，最好的方法就是把《论语》中子贡所说的话列出来仔细研究，因为他是言语科的高才生。他的口才好在说话含蓄，譬如他想知道老师要不要做官，就问孔子："有美玉于斯，韫椟而藏诸，求善贾而沽诸？"子曰："沽之哉，沽之哉，我待贾者也。"（《论语·子罕》）子贡说："假设这里有一块美玉，那么该把它放在柜子里藏起来呢，还是找一位识货的商人卖掉它呢？"孔子何等聪明，他说："卖掉吧，卖掉吧，我是在等待好商人啊。"师生的对话真是精彩。孔子很希望有人了解他，肯定他是人才而任用他。

入世的情怀与责任

孔子从五十一岁到五十五岁之间在鲁国为官。他五十一岁出任中都宰，也就是中都县的县长，因为表现优异，第二年就升为小司空，担任工程建设部门的副长官。不久又升为司寇，负责全国的治安。孔子担任司寇，社会风气立刻改善，大家都知道他言出必行，一切依法办理，三个月鲁国大治，历史上用"路不拾遗，男女分途"八个字形容。东西掉在地上没有人捡，男女在路上分道而走，避免嫌疑。后来他以司寇之职行摄相事，代理宰相职务，却因为政绩卓著而引起齐国的担心。鲁国以文化传统著称，国势并不强大，现在鲁国大治，引起齐国的紧张。齐国送给鲁君八十位美女，一百二十匹好马。这些美女能歌善舞，鲁定公受到诱惑，每天欣赏歌舞表演，观看赛马。孔子知道鲁定公要疏远他了，因为国家祭典后，孔子并没有依礼分到祭肉，他于是辞去职务，开始周游列国，到六十八岁才回到鲁国。

《孟子·万章下》记载："孔子之去齐，接淅而行；去鲁，曰：'迟迟吾行也，去父母国之道也。'"他离开鲁国的时候迟迟其行，学生都不耐烦了。于是他说，离开父母之邦，一定要慢慢走，希望鲁定公能回心转意把他找回去。但事与愿违，鲁定公并没有这么做，他只好去国离乡。

孔子周游列国的一些经历记录在《论语·微子》中。有一次孔子带着学生想渡河，但找不到渡口。有两个人（长沮、桀溺）正在耕田，孔子吩咐子路向他们请教渡口的位置。长沮反问子路，手拉着缰绳的人是谁。子路说是鲁国的孔丘。长沮确认后，就说："他早就知道渡口在哪里了。"这个渡口不是指渡河的渡口，而是指人生的渡口，可见他们对孔子相当了解。子路只好再问桀溺，桀溺知道他是子路之后，就劝他说，天下太乱了，与其追随逃避坏人的人，不如追随逃避社会的人。子路转告老师这段对话，孔子听了很难过，说了一段话，正好表明儒家的立场。子曰："鸟兽不可与同群，吾非斯人之徒与而谁与？天下有道，丘不与易也。"这段话讲得真好。他说："我们没有办法与飞禽走兽一起生活，如果我不与人群相处，又要同谁相处呢？天下政治若是上轨道的话，我就不会带着你们到处奔走从事改革了。"这表明儒家人文主义的立场：我是人，就跟人群在一起；人群需要教化，我就教化百姓，希望社会能上轨道。

他们继续周游列国，子路追随孔子，却远远落在后面。他遇到一位老人家，用木棍挑着除草的工具。子路请教他："请问您有看到我的老师吗？"老人家说："你这个人四肢不劳动，五谷也分不清，我怎么知道你的老师是谁？"子路拱着手站在一边。稍后，老人家留子路在家里过夜，杀鸡做饭给子路吃，又叫两个儿子出来相见。第二天，子路赶上孔子，报告这一切经过。孔子叫子路再回去告诉老人家他的心意，但老人家已经出门了。子路只好对两个孩子说："不从政是不应该的。长幼间的礼节不能废弃，君臣间的道义又怎么能废弃呢？原本想要洁身自爱，结果却败坏了更大的伦常关系。君子出来从政，是道义上该做的事。至于政治理想无法实现，则是我们早已知道的啊！"前一天老人家叫两个小孩出来拜见子路，代表他还肯定长幼之序，那么身为老百姓对国家怎么可以不尽忠呢？所以，注意到小的礼节而忽略了大的礼节，这就是隐士的败笔。

　　如果把儒家和隐士相比，长期下来一定是儒家得胜。因为隐士虽隐居在山中，但仍旧结婚生子，依然要教子女孝顺与友爱，而这些是儒家所倡导的。大人可以隐居，小孩子怎么隐居呢？所以，隐居是大人成年之后个人的抉择，但是小孩子还是要学习父慈子孝、兄友弟恭，慢慢成长。儒家在社会上扮演教育者的角色，能够使社会承前启后，这是不能否认的。所以，由《论语》中儒家与隐士的几段精彩对话，可知儒家认为天下兴亡匹夫有责，更何况是读书人？好人都隐居的话，天下交给谁呢？这是儒家悲天悯人的情怀。

对富贵名利的省思

　　既然投身社会，该追求什么呢？很多人说，当然追求富贵了。富就是有钱，贵就是有官位。孔子从来没有反对富贵，任何社会一定都有人得到富与贵。孔子还说过："富而可求也，虽执鞭之士，吾亦为之；如不可求，从吾所好。"（《论语·述而》）财富如果可以求得，就算在市场担任守门人，我也去做。如果无法以正当手段求得，那么还是追随我所爱好的理想吧。古代的"执鞭之士"有两种，第一种是大官出门，帮他开道的人。第二种是在市场门口担任守门人，因为怕有强盗抢劫、小偷偷东西。在这里指的是第二种，职位虽然卑贱，但有发财的机会。孔子不是为发财而发财。他说过："不义而富且贵，于我如浮云。"（《论语·述而》）用不正当手段得来的富贵，对我就如同浮云一般。孔子对富贵的立场是能者得之，得到富贵后造福百姓。做大官必须清廉，富人应该行善。

孔子的另一段话则需费心理解："富与贵，是人之所欲也；不以其道得之，不处也。贫与贱，是人所恶也；不以其道得之，不去也。"（《论语·里仁》）这是孔子的基本态度。富有与尊贵，是每一个人都想要的，但如果不依正当的途径加于君子身上，他不会接受。贫穷与卑微，是每一个人都讨厌的，但如果不依正当的途径加于君子身上，他是不会逃避的。为什么富贵不以其道得之，我不要，贫贱不以其道得之，我却不推开？先说什么叫作"不以正当途径"加在君子身上。譬如，在《论语》中孔子说柳下惠非常杰出，别人把他的官位夺走了，这使得柳下惠继续处于贫贱之中，但是柳下惠不会逃避。

为什么？因为儒家了解富贵与贫贱都是外在的，富贵所带来的欲望与诱惑，可能为我们的人生正途带来更大的阻碍。一个人处于贫贱之中，他的欲望自然较少，反而比富贵之人更容易坚持他的原则。孔子说过："君子固穷，小人穷斯滥矣。"（《论语·卫灵公》）君子在穷困的时候坚持原则，小人一穷困就无所不为了。所以，贫穷是一种考验，孔子说："岁寒，然后知松柏之后凋也。"（《论语·子罕》）天气寒冷时，才知道松树柏树是最后凋零的。富贵本身不算什么考验，最重要的是不要因此而堕落，所以孟子说过："富贵不能淫，贫贱不能移，威武不能屈，此之谓大丈夫。"（《孟子·滕文公下》）富贵不耽溺，贫贱不变节，威武不屈服，这样才是大丈夫。孔子也说过："士志于道，而耻恶衣恶食者，未足与议也。"（《论语·里仁》）一个读书人立志求道，如果以粗糙的食物与衣服为耻，就不值得与他多谈了。所谓"君子谋道不谋食"，君子追求的是道，而不是食物；"忧道不忧贫"，他担心的是道没有实践，而不是贫穷（《论语·卫灵公》）。所以儒家了解人间有富贵与贫贱，不能说儒家都反对富贵，富贵是每个人的愿望，但是手段要正当；贫贱谁都讨厌，但是有时候贫贱也是不得已。

对于富贵和贫贱，我们可以从三点来看：第一，富贵是有命定性的。什么叫命定性呢？命中注定。很多人都羡慕含着金汤匙出生的人，其实不用羡慕。有些人生下来什么都没有，像孔子说自己"少也贱"，就是非常卑微穷困，这是命定的。子夏曾转述孔子所说的"死生有命，富贵在天"（《论语·颜渊》）。我们都希望好人长寿，如颜渊，孔子也希望他能长寿，但是他只活到四十岁。"天"代表人力不能控制的。再看财富，你生在这个时代，成年的时候正好经济繁荣，做什么生意都赚钱，但也许十年以后经济不景气，再努力十倍也赚不到钱。这叫作时也，运也，命也。所以，我们要了解，富贵有它的命定性，不是你可以强求的，既然如此，就看开一点，"得之，我幸；不得，我命"。

第二，富贵有它的合法性问题，不能为了富贵而不择手段。什么叫合法性呢？如果把富贵当成人生一定要得到的目标，因而不择手段，这就是不义而富且贵。如果以富贵为非有不可，那就很可怕了。既得之，又患失之，所以多少人为了富贵而使生命四分五裂，不堪设想。有人说："人为财死，鸟为食亡。"赚钱与吃饭虽是必要的，但仍要适时适地自我约束。西方有一句名言："要发财，最好的途径是降低欲望。"

欲望一降低，马上觉得自己无所欠缺。

第三，富贵有它的终结性，它注定会结束。我们有时候谈到人生问题，会用八个字："生不带来，死不带去。"虽然很简单，好像也很消极，但也有一些道理啊！哪一个人出生的时候不是呱呱落地，哭几声代表我来了？走的时候带得愈多愈危险，将来有人盗墓，不得安宁。既然如此，就要明白富贵有什么用，富贵让你有机会帮助别人，这才是儒家的理想。

我曾说过子贡的一段故事，别人为老师守三年之丧，但是他再多守三年，为什么？有两个原因，第一，他非常敬爱老师，舍不得老师真的从此长眠。第二，他比较富有。他做生意发了财，当时做生意需要官府的特许，但是春秋末期天下开始乱了，很多规矩也松散了。子贡没有得到官府的命令，就自己做生意，他有敏锐的直觉，猜测什么会涨价，什么就真的涨，因此而发了财。子贡本来很穷，后来做生意赚了不少钱。他体验过两种不同的生活，感触就特别深。他请教孔子："贫而无谄，富而无骄，何如？"（《论语·学而》）他说，贫穷而不谄媚，富有而不骄傲，这样的表现如何？

孔子这位老师真是让人佩服，他说："可也，未若贫而乐道，富而好礼者也。"他说，还可以，但是比不上贫穷而乐于行道、富有而崇尚礼仪的人。孔子为什么伟大？因为学生说的是"无谄、无骄"，"无"代表不要这样、不要那样，孔子说的是要这样、要那样，把消极变成积极，生命又充满动力。有的《论语》版本只有"未若贫而乐"，没有"道"字。其实前半段讲"贫而无谄，富而无骄"，后半段就是"贫而乐道，富而好礼"，正好对称。但是，贫而乐，如果没有道的话，乐什么？贫穷一定有道，才能快乐。《庄子》里面谈到颜渊不去做官，他说"老师的道让我快乐"，什么道呢？就是真诚引发力量，由内而发做自己该做的事。这个要求是做不完的，因为人际关系是多重性的、复杂性的。譬如，从小做一个好儿子，结了婚做一个好丈夫，有子女后就做一个好父亲，与朋友往来做一个好的朋友，这些永远做不完的啊！人了解"道"之后就会继续努力，所以"贫而乐道"才是正确的，它与"富而好礼"是相对的。贫穷而想讲究礼仪是很困难的，因为礼仪需要花钱，一般老百姓不易行礼如仪，因为有各种必要的规格与装备。

孔子讲完这段话之后，子贡立刻说："《诗》云：'如切如磋，如琢如磨。'其斯之谓与？"《诗经》上说："就如修整骨角与玉石，要不断切磋琢磨，精益求精。老师是这个意思吧？"孔子非常高兴，说："赐也，始可与言《诗》已矣！告诸往而知来者。"孔子教学的原则就是"告诸往而知来者"。学习一定要融会贯通，像子贡一样，老师告诉你一件事，你可以自行发挥，领悟另一件事，而不是学了《诗经》，然后学习新的知识时，就把它搁在一旁。什么叫作精益求精呢？就是"不错，但是不够"，"好了，还要更好"。所以，孔子作为一个老师，确实让人佩服。

《论语》中，许多语句都非常简短，我们因而要仔细分辨孔子的意思。他为什么这样说？背后有什么可能的情况？这些想通了后，才可明白孔子的卓越，因为很多对话无法预演，必须即问即答。这考验一个人的思虑是否周延，否则很容易前后矛盾。孔子非但没有矛盾，反而针对同一个问题常有不同的答案，整合起来仍形成一个完整的立场，这就是孔子的杰出之处。

儒家对于人间的富贵名利是肯定的，既然主张入世，当然要尊重社会共同认定的价值。但儒家强调富贵不是目的，而是结果。譬如，我今天去工作而得到工资，工资是我工作的结果，不是目的，如果我工作的目的是得到工资，是不会真正快乐的。因为如果目的是工资，工作就变成了一个手段。如果工作是要发挥能力，在社会上某一单位、某一部门，尽好我的责任，创造好的业绩，那么后面得到的工资就是一个自然的结果。所以，必须把富贵当成结果，而不能当成目的。把富贵当成目的，就可能为了目的而不择手段。把它当成结果的话，工作本身就有它的价值，但是否能因而得到富贵呢？只有随遇而安了。儒家这种人生态度，有一套完整的理论作为基础。

孔子的志向：老者安之，朋友信之，少者怀之

接着要从孔子与弟子的志向来看，说明儒家修养的几个层次。《论语·公冶长》中有一段资料："颜渊、季路侍。子曰：'盍各言尔志？'"颜渊与子路在孔子身边站着，孔子说，何不谈谈你们的志向？孔子问毕，子路立刻回答。一方面他年纪比较大，小孔子九岁，而颜渊小孔子三十岁，所以子路大颜渊二十一岁，当然先回话了。他说："愿车马衣裘，

与朋友共敝之而无憾。"子路很了不起，车、马、衣服、棉袍，与朋友共享，即使用坏了也没有任何遗憾。他重视朋友超过财物，希望能够让朋友间的情义充分实现出来。

颜渊作为孔子的学生，是德行科第一名，又是最好学的学生，他的志向是"愿无伐善，无施劳"。简单的七个字，非常明确。第一，不要夸耀自己的优点。代表他不膨胀自我，也不会自以为是。第二，不要将劳苦之事推给别人。很多人认为颜渊之意是"不要张扬自己的功劳"，但颜渊没当过官，也没钱造桥铺路，哪里有功劳可言？所以，无施劳的"施"是"己所不欲，勿施于人"的"施"，劳就是劳苦。颜渊的志向听起来很平凡，不要夸耀自己的优点，不要把劳苦之事推给别人，但这就是高度的修养，化解自我的执着，设法追求无私的境界。所以，颜渊希望达到超越自我的境界显然比子路高，为什么？因为子路重视的是朋友，谁的朋友？子路的朋友，你跟子路不认识，他不会借你车的。颜渊则是将自我化解，与任何人都可以往来，照顾天下每一个人。这当然是更难达到的境界。

颜渊言毕，子路请教老师的志向，"愿闻子之志"，希望听听老师的志向。孔子立刻回答："老者安之，朋友信之，少者怀之。"子路重视朋友超过财物，有情有义；颜渊化解自我的执着，无私地关怀天下每一个人；孔子则是止于至善，追求天下大同，设法以一己的力量让天下老年人都得到安养，朋友们都互相信赖，青少年都得到照顾。

孔子的志向是幻想吗？这十二个字自古至今从来没有实现过。他为什么提出一个从来没有被实现过，将来也不太可能实现的理想作为志向呢？孔子肯定人性向善，人只要真诚，就会发现力量由内而发，要求做自己该做的事。该做的事称为善，善就是我与别人之间适当关系的实现。这个定义是如何来的？我们只要分析一下儒家所谓的善，像"孝悌忠信"这四个字，就会发现每一个字都牵涉到我跟别人的关系。孝是我与父母间的适当关系，悌是我与兄弟姊妹间的适当关系，忠是我与长官、上司之间的适当关系，信是我与朋友间的适当关系，没有例外。儒家所说的善落实于与人互动，在儒家的观念中没有关起门的圣人。如果有一个人自称是儒家，却把门关起来不与别人来往，那就不是儒家，有可能是道家。

我与别人间的适当关系叫作"善"的话，那么"人性向善"该怎么理解呢？只要我有办法，就要让每一个"别人"（我之外的人统统是别人）都能安顿，所以孔子的志向，完全符合"人性向善"的基本设定，也就是所谓的"己欲立而立人，己欲达而达人（《论语·雍也》）"的意思。他其实希望天下人都有这样的志向，按照个人能力大小，照顾的人愈来愈多。一个人当然无法照顾所有的天下人，但天下人明白这个道理之后，都会从照顾自己、自己家人、朋友亲戚做起，再往外推展，这样天下不是也走向大同了吗？

所以，这是孔子入世情怀背后真正的根据。这样的想法还有其他例子能够说明，我们都知道"尧天舜日"，可见古代把尧舜推到了最高的境界，《论语·宪问》孔子回答子路问君子，他说："修己以安百姓，尧舜其犹病诸。"修养自己，最终可以安顿所有的百姓，这是连尧与舜都觉得很难做到的事。其实我们知道，政治领袖照顾了这一代，新的一代又出现了。你照顾好这一边的人，那一边的人也需要照顾。所以，如果不像孔子所说的，推广他的学说，让每一个人都能站稳的话，即使让尧与舜这样的人来照顾，也是很辛苦的，因为天下人生生不息，实在太多了。

《论语·雍也》中子贡问："如有博施于民而能济众，何如？可谓仁乎？"孔子回答说："何事于仁，必也圣乎！尧舜其犹病诸！"像尧、舜一样，要做到内圣外王。仁的第一义是"人之性"向善，第二义是"人之道"择善固执，圣是"仁"的第三义"人之成"的描述。人之成必有伟大的效应，就是由于一人"充分实现"其向善之性，达到天下大同的美境。这里再补充说明："善"是人与人之间适当关系的实现。因此，一人与天下人之间皆有适当关系，博施济众是一切人际关系之实现，尧舜是这样的帝王，却还觉得这种要求难以做到。接着孔子说："夫仁者，己欲立而立人，己欲达而达人。能近取譬，可谓仁之方也已。"所谓行仁，就是在自己想安稳立足时，也帮助别人安稳立足，在自己想进展通达时，也帮助别人进展通达。能够从自己的情况来设想如何与人相处，可说是行仁的方法。我们常常记得"己所不欲，勿施于人"，我不愿别人怎么对我，我也不要这么对别人，接着后面说"我要如何站稳通达，并帮助别人也能站稳通达"，从消极又变积极了。设身处地为别人着想，就是"假如我是你，我会怎么做"。替别人设想，这就是孔子的方法，这就是我们走上人生正路的方法。

谈到儒家对社会的关怀，我们特别提到儒家与隐士的不同之处。孔子和他的弟子们，有学问、有能力，如果要隐居的话，其实能过上舒服的生活。但是孔子选择投身社会。周游列国虽然辛苦，但他认为苦中有乐。他追求名利富贵是为了照顾百姓，得不到也不抱怨，不怨天、不尤人，还是做他该做的事，设法通过教育，让这个理想得以代代相传。孔子最高的目标是实现他的志向，但那是一个理想。人的世界不能没有理想，没有理想的话，人生就失去了方向；没有方向的话，原地打转，后果不堪设想。所以，理想的存在，是为了给我们方向，给我们奋斗的动力及勇气。儒家的学派就是以此作为目标，大家互相鼓励来改善这个社会的，并且从改善自己开始。

主题三：
展现人文之美

第一讲：全人教育的理想

孔子的教育观是"全人教育"的理想。《尚书·泰誓》说："天降下民，作之君，作之师。"国君与老师并列，是因为上天生下众多平凡百姓，不一定有机会了解人生的道理，所以促使人类社会的进步，就需要"以先知觉后知，以先觉觉后觉"（《孟子·万章下》）。意即有些人先知先觉，了解人生的应行之道，知道人活在世界上应该如何，才能达成"人"存在的目的；有些人后知后觉，需要别人启发、开导，然后社会才能步上正轨。所以，一个社会重视教育，未来才有希望。古代把国君与老师并列，因为最好的国君，本身就是老师，这是德治的理想，老百姓可以直接效法他。但国家的范围愈来愈大，人民愈来愈多，就必须分工合作，老师因而变成了一项专门的工作。

柏拉图的《理想国》里，也将负责教育的官员摆在最重要的位置，因为如果不注重教育，人民就不知道要往何处发展。许多兴盛的国家或朝代走向衰亡，也是因为忽略教育。当然，光靠教育还不够，还须问有什么样的教育。我们常常听到"学好数理化，走遍天下都不怕"。数理化属于智育，一般称为"学科"。本来教育强调"德智体美劳"五育，但因为升学的压力，最后都把重点放在智育上。当然，一个社会也是有竞争才有进步，如果不重视学习与理解，恐怕也会落后于其他国家。不过，如果其他四育都偏废了，恐怕更有问题。

现代人讲究三种智商，第一，学习智商（IQ），决定一个人适合学哪一科，发展较佳；第二，情绪智商（EQ），能够与他人妥当沟通，协调彼此的心意，以便和谐相处；第三，逆境智商（AQ，AQ 的 A 是指逆境，英文叫作 adversity），处在逆境时，怎样才能不受干扰，继续坚持奋斗的目标。这三种都与个人的生命发展有关。孔子在两千多年前就很有远见，清楚地主张"全人教育"。全人教育就是：一、人才教育；二、人格教育；三、人文教育。如此一来，人的生命就完整了。

人才教育：用之于外

先谈人才教育，古代读书人的目的是要当官，当时的社会分工有限，读书人具备专业的知识与能力，可以为百姓服务。一般老百姓受教育只到十五岁为止，贵族子弟可以上大学，为将来当官做准备。春秋末期天下混乱，孔子开始私人办学，也招收很多民间的学生，也教类似的科目，并且教得比大学更好，所以孔子的学生人才辈出，甚至很多国君或执政的官员都向孔子求人才："有什么好学生可以推荐给我？"

孔子的学生在做官方面是很受到肯定的，当官需要什么条件呢？《论语·雍也》中记载季康子问孔子的三个学生适合不适合当官，第一位问的是子路。季康子问："仲由可使从政也与？"子曰："由也果，于从政乎何有？"仲由就是子路，他个性非常豪爽，是侠客型，能力也很强。果即果决，譬如，审判案件要能立刻做出判断是很不容易的，子路就做到了。孔子说他"片言可以折狱者，其由也与"（《论语·颜渊》）。这段话有两种翻译，第一种说"三言两语就能判案的，大概只有子路吧"。另外一种说"听片面之词就可以判断案件，大概就是子路吧"。什么叫作片面之词呢？诉讼一定是两造，如果有一方人还没来，或者是有一方人还没说话，但子路光听一方人说话，就知道谁对谁错。这点很特别，所以孔子才说，大概就只有子路做得到。

第二位问的是子贡。孔子的回答是："赐也达，于从政乎何有？"说子贡识见通达，任何事情都能处理。通达就是"有路可以走"。其实一个社会发生任何问题，一定有解决的方案，眼前如果没有，可能只是尚未找到，只好以拖代变，但还是要掌握变的契机。子贡是孔子学生中言语科的高才生，代表他很聪明，很多时候，说话就可以解决问题。事实也证明孔子过世后，子贡在鲁国担任外交官，能让国势较弱的鲁国，和其他各强国和平相处。

第三位同学是冉有。冉有个性比较懦弱。孔子说："求也艺，于从政乎何有？"冉有多才多艺，做官也没有问题。什么是多才多艺呢？有些人能把上上下下该注意的事情都注意到，不足处也能安排得当，这就是多才多艺。

在《论语·先进》中，季子然问孔子："仲由、冉求可

谓大臣与？"孔子认为他们只是"具臣"（专业的臣子），
因为孔子认为"大臣"的条件是"以道事君，不可则止"。
用正道来服侍国君，如果与国君无法配合就辞职。大臣对于
国君，有制衡约束的作用。我当大臣，你是国君，我们都要
以正道作为共同的目标。换句话说，在儒家的思想里，从来
就没有专制的暴君可以一意孤行。

　　孔子的标准很高，有些学生也知道老师标准高，就不太
敢做官了。《论语》中有两个例子，一是《论语·雍也》的
"季氏使闵子骞为费宰"。闵子骞是孝子，也是孔子德行科
第二名的学生。他非常杰出，鲁国最有权力的大夫季氏，想
找闵子骞当县长。闵子骞立刻推辞，并表示若再找他，他就
逃出汶水以北，出鲁国边境。为什么他要逃走？因为他知道
季氏不是正派人物。最初鲁桓公要把他的君位传给嫡长子，
但他还有三个儿子，结果鲁桓公过世后，鲁国就分了四份，
另外三份称作三桓，因为都是桓公的子孙。古代封建制度规
定，只有嫡长子可以继承君位，其他的儿子可以封为卿，世
代为卿。结果卿的权力愈来愈大，甚至超过鲁国国君。季氏
野心很大，八佾舞于庭就是他做出来的事，并且在撤出祭品
时让人唱《雍诗》，这让孔子非常难过。《雍诗》是《诗经

中的一篇，是天子祭祀完毕才能唱的，所以孔子认为季氏"歌雍舞佾"的作为，严重违背了礼制，而闵子骞不愿意追随这种人。

另外在《论语·公冶长》中说："子使漆雕开仕。对曰：'吾斯之未能信。'子说。"孔子要漆雕开去做官，但他自己还没有当官的自信，孔子很开心。孔子高兴的原因是：他的学生能反省及了解自己，知道尚须进德修业，而不急着做官。这种自我要求的态度是孔子乐见的。

孔子培养人才有一定的标准和训练内容，让他们各自发展其特殊专长，大抵上是内政、外交，加上负责礼仪等。孔子在与学生谈出路的时候，他们的志向大部分都是做官。《论语·先进》中，如子路、冉有、公西华，都希望为国家服务，只有曾点例外。

人格教育：求之于内

作为儒家学者，不能只有人才教育，还需要人格教育。

人才教育用之于外，将来可以立足于社会，找到正当的职业自食其力。人格教育则求之于内，在道德上自我要求。但是讲人格教育比较困难，因为年轻的时候尚未碰到各种考验。譬如，我们在教室上课，说我们要行善避恶，谁不赞成呢？不要做坏事，谁会反对呢？但是进入社会，碰到具体的考验，才知道人际关系的复杂、人心的险恶。到时候能不能抵抗诱惑呢？道德的问题无法纸上谈兵。

　　儒家的人格教育讲得最精彩，因为儒家强调人性向善。从真诚引发力量，由内而发要求自己行善。只要真诚，就知道自己是道德主体。我的生命不只是为了活着，吃饭睡觉，一年一年过下去；我的生命随时等待增加其内在价值，这个机会往往出现在别人有困难的时候。活在世界上，谁不希望平安快乐？你看到别人的痛苦，你有能力而没有出手帮忙，心中就会有内疚感。不内疚的人，孟子就会说你"非人也"。"无恻隐之心非人也，无羞恶之心非人也，无辞让之心非人也，无是非之心非人也。"（《孟子·公孙丑上》）如果你听到孟子说你非人而生气的话，孟子会说，恭喜你，你又变成人了。因为你会生气，有羞恶之心，代表还有希望。如果你没感觉，那就真是非人了。非人就是不是人，虽然照样吃饭、照样上班、照样过日子，但是作为人的内在价值没有开发，白过一生。如果由真诚引发力量，由内而发不断行善的话，这种效果就是"浩然之气"。一个人内心坦荡，半夜有人敲门，也不会害怕。

儒家讲人格教育讲得最圆满，西方很多学派讲到道德问题时都有其限制。第一，效益主义。效益主义强调行为的效果，怎样为大多数人谋求最大的福祉。举例来说，上车"应该"排队，因为排队对大家都有利。大家都排队，每一个人都上得了车。所以，西方讲效益主义是针对人群的生活，怎样对大多数人都有利，法律是效益主义最明显的成果。法律一定有例外，如果一视同仁，对有些人反而不公平。西方国家的选举，也是效益主义，多一票就胜了，代表我比你多一个人支持，比较符合多数利益，所以西方讲效益主义的时候，在社会生活上有它的考虑，也有它的效果。但它有两个问题，首先，多数人的利益今天有效，但是明天呢？说不定过几个月多数人的想法不一样了。同样一个规则对多数人来说，那个"多数人"可能会调整，这一次你比我多一票，说不定再过一个月我做得很好，我比你多一票，要如何随时调整呢？其次，牵涉到计算的问题，怎么计算？假设建设一条高速公路要经过我家门前，我当然反对，别人当然赞成——只要垃圾场、焚化炉不盖在我家后院，你尽管盖。可见多数人在计算利益的时候，很容易就损伤了少数人，对他们是不公平的。要以什么标准来计算？这是很复杂的问题。

所以西方国家进行各种改革时，通常都基于效益主义，它的原则是考虑的时候必须假设有一个"无知的帷幕"。拉下帷幕，主事者规划这个地方怎么发展时，绝不能考虑谁家住哪里，规划完成之后，一旦揭开帷幕，就不能再反悔了。这是效益主义的问题。它有一定的效果，可以让一个社会顺利运作，大家按照定期投票来计算、衡量。

第二，义务论，这是康德的主张。有人说，如果要选西方两位哲学家为代表，那么古代是柏拉图，近代则是康德。他们有两个相同的特色。一是都活了八十岁，二是都没有结婚。所以要当大哲学家，似乎必须活到八十岁又没有结婚，才能研究有成。康德提出的道德哲学非常高尚，但有点不近人情。义务论主张：做一件事绝对不考虑效果，只考虑该不该做。所谓该不该做就是要尊重规则，因为规则是普遍的。不能考虑效果，因为一考虑效果就会忽略动机。康德认为真正的善只有一种，就是善的意志，就是我心里的动机是为了要行善，这是唯一的善。

康德的理论到最后很极端，他主张："行善的时候，不能感到快乐；如果行善时觉得快乐，将来就可能为了快乐而行善，不是为了行善而行善，这样就成为效益主义了。"为了快乐而行善，是对我自己有利，康德希望你"为了行善而行善"，该行善就行善，绝对不考虑快乐与否。

西方许多学者也受不了康德，觉得他太严格了，并且太重形式，而忽略了内容，但是人的生命是有实际内容的。譬如，我们提到朋友，朋友有千万种，而对孔子来说只有六种，三种好的，三种坏的。我们也知道朋友有各种不同的关系，若只从"朋友"这个名词就决定该怎么做，有时候真的是不近人情。但是康德的学说确实增加了人们思考及反省的内容。他说："你不能只把别人当作手段来利用，应该同时也把别人当作目的来尊重。"譬如，我坐出租车，司机就是我的手段（工具），但我不能只把他当工具，我还要把他当作人来尊重。如果司机跟我聊天，我心里只想，开车不要讲话、不要吵我，这就是只把他当工具，完全忽略了他也是一个人。

其实人的社会分工合作，在某种意义上，每一个人都把别人当作某种程度的手段，这是不得已的，因为人各有所长。

你的专长就是别人要用的，这个社会才能合作发展。但不能仅仅把别人当手段，这就变成纯粹利用了。康德的说法值得我们重视，当我与别人交往、请别人帮忙的时候，如果我把他当成目的，事情成不成并不重要，重要的是他尽力帮忙了，这样就不同了。如果我们与人来往，只看事情有没有帮成——帮成了就是好朋友，没帮成就不是好朋友，这样就是效益主义，以效果来作为决定价值的标准。参考康德的想法，尽力帮忙就好，不以成败论英雄。这样，又很符合我们一般人内心的愿望。康德提出的观念叫作"目的王国"，在人的世界上，每一个人都是目的，没有人是手段，这是很高的理想。哲学家提出的理想不见得都能实现，但没有理想的话，人的社会要往哪里走？

　　第三，德行论。德行论比较接近儒家的思想，强调德行不是与生俱有的，需要慢慢培养好的生活习惯，所以我们在教育子女的时候不要好高骛远。希望孩子瞬间拥有独立的人格，这是不可能的。要让他行善，得从培养好的生活习惯着手，譬如要尊重别人，坐车的时候看到老人要让座，如此养成习惯。外在的习惯渐渐会内化为自发的行动。

　　德行论是亚里士多德提出来的。亚里士多德认为好的德行就是好的生活习惯，人会思考、衡量自己的言行对别人产生的效果，同时做到自我要求，最后会形成一种好的气质。因此，行善并非忽然行大善，而是慢慢累积小善，若是遇到大的机缘就能做大善，坏事也是一样。这就是"勿以善小而不为，勿以恶小而为之"。所以，儒家哲学比起西方哲学，更强调真诚，真诚引发力量，由内而发，然后再选择人格成长的环境。社会上该如何规划，可以参考西方学说，因为西方学说的特色是"与时俱进"，配合社会的情况。但有时候也因为太容易调适，而缺乏内在的原则。西方对人性的了解，从近代，甚至从中世纪以来都受到基督教的影响，认为人生下来就有缺陷，是为原罪。因此，对于人的要求总觉得不能放心，所以他们的法律规范非常严格，认定如果社会没有规范，人就可能做坏事。相反，儒家认为"人性本善"，人自己会做好事。但"人性本善"的"本"很难落实，所以我强调"人性向善"才是孔孟的想法。儒家强调"真诚"，真诚之时才是一个真正的人，自然而然产生自我要求的力量，会主动去做该做的事。

那么，要怎样培养人格教育呢？在《论语·子罕》中提到"知者不惑、仁者不忧、勇者不惧"。这种不惑、不忧、不惧都是培养人格的关键。孔子说"四十而不惑"(《论语·为政》),何谓不惑呢?《论语·颜渊》中有两个段落,讲学生请教什么是"惑"。第一个学生是子张,请教"崇德辨惑",孔子答说,情绪的问题要掌握好。对同一个人"爱之欲其生,恶之欲其死,既欲其生又欲其死,是惑也"。意即对同一个人,爱他的时候希望他一直活下去,恨他的时候希望他立刻死掉,对同一个人又要他活又要他死,这叫作惑。孔子谈到不惑,是指不要让情绪主导自己。情感激动,容易陷于困惑中,所以要练习调节情绪。

另一弟子樊迟也来请教如何辨别迷惑。孔子说:"一朝之忿,忘其身以及其亲,非惑与?"意即因为一时的愤怒就忘记自己的处境与父母的安危,不正是迷惑吗?愤怒是所有情绪中最有力量的,所以孔子认为,培养好的人格要从情绪着手,要能知者不惑、仁者不忧、勇者不惧。仁者为什么不忧呢?一个人做好事,行仁,行善,他就能没有忧愁,因为所做之事都是应当做的,因此无须担心。真正勇敢的人,是无惧的,因为他心胸坦然,了解自己的能力范围。西方近代哲学家笛卡儿的座右铭很简单,他说"不让我的欲望超过我的能力范围",这样就自然会快乐了。我们最怕欲望超过能力范围，心想而事不成，最后天下大乱。不惑、不忧、不惧，都是自我的训练。

有关人文教育，要强调的是当下自化，我们在第三讲中进行介绍。

第二讲：诗为教化之始

　　孔子教学的材料之一是《诗经》，诗是教化之始。古代的五经就是《诗》《书》《礼》《乐》《易》。诗经属于文学，有三百一十一篇，来自各地采集的民谣，以及国家正式祭典的颂词。所以，该如何理解《诗经》的内容呢？孔子的教学又有何与众不同之处？《诗经》作为文学，在教育上有什么效果呢？

　　《诗经》所反映的是一般人日常生活的感受，孔子说："《诗》三百，一言以蔽之，曰：思无邪。"（《论语·为政》）意即《诗经》三百多篇，用一句话来概括，就是"思无邪"。"思无邪"是什么意思？思想纯正无邪吗？这是不对的，因为《诗经》与思想无关。思想必定有一个主体，是谁的思想呢？如果是"作者"的思想纯正无邪，《诗经》三百多篇都是各地的歌谣，大家早已朗朗上口，但不确定作者是谁。如果是"编者"的思想无邪，有人认为孔子是它的编辑者，但迄今并无定论，且编辑的人思想无邪和读者有什么关系呢？第三种可能性是"读者"的思想纯正无邪，那还得了？读《诗经》还要先考虑思想纯正吗？

所以，把"思无邪"解读为"思想纯正无邪"是不正确的，它并不谈思想，因为不是哲学作品。文学谈的是情感的真正表露，喜怒哀乐等人生的真实体验。稍加研究就知道，"思无邪"来自《诗经·鲁颂·駉篇》，"駉"是形容鲁君的马向前直行，非常健壮。"思"是语首助词，在《诗经》中出现很多，它没有特定的意思，只是语助词，有时在句首，有时在句尾。《诗经》里很多字都是没有意思的。无邪的"邪"和"斜"相通，指马向前奔行时，不能随便偏斜，避免摔倒。就像开快车时，一转弯就可能翻车。所以，孔子就用"思无邪"来描述整部《诗经》，他要表达的是"一切都出于真诚的情感"。文学最重视真诚的情感，最怕矫揉造作、虚伪、无病呻吟。好的文学作品能感动人的理由是真诚。

真实情感的表现

　　《诗经》三百多篇，每一篇都反映真实的生活及情感。孔子教学生时总会提到第一篇："关关雎鸠，在河之洲；窈窕淑女，君子好逑。"这与思想何关？不论反映民间生活还是宫廷生活，它都是在表达真实的情感。如此解释，就能理解孔子为什么叫弟子学《诗》，以及为什么他说教育有三件事最重要：兴于《诗》、立于《礼》、成于《乐》。我们比较熟悉"立于礼"，立身处事要合乎礼仪。"成于乐"，这一生的完成要靠"乐"来达到最高目标，因为音乐让一切进入和谐状态。"兴于诗"，是指振兴的兴，复兴的兴，从《诗》开始，恢复自己纯洁、真诚的情感。人生的出发点就是真诚，但是我们进入社会后，受到社会风气所影响，可能早就忘了自己真诚的心。所以，孔子要学生学《诗》的目的，是要他们重新恢复原始的情感。人到中年，想到年少时的理想与热忱，就能重新振作，唯有真诚能引发真诚。当你阅读《诗经》

时，就能呼应年少纯洁的怀抱。无论年纪多大，好像都可以回到人类原始的情感中最真实的一面。《诗》三百，用一句话来概括，就是一切皆出于真实情感。

真实的情感该如何表达？孔子说："《关雎》，乐而不淫，哀而不伤。"（《论语·八佾》）意即《关雎》这几首诗的演奏，听起来快乐而不至于沉溺，悲哀而不至于伤痛。哀与乐能够适当，所指的也是真诚的情绪。

魏晋时期，社会动乱，学者中有所谓的"竹林七贤"。他们态度潇洒，笑傲山林。阮籍是其中之一，他不喜欢社会上的礼仪及法律，所以母亲过世时，他照样吃肉喝酒，旁人看不过去。但当母亲出殡时，他一哭就吐血了，其实母亲过世怎么可能不伤心？但是他强忍心中的哀伤，表面装作与别人不同，内心其实是很悲伤的，这样就是过度了。孔子强调情感要"发而皆中节"，喜怒哀乐是自然的情感，但是不要过度，过度就会伤到自己的生命。

孔子做任何事都是非常适当的，只有一次是因为颜渊死了，被学生误会他过于悲伤。孔子晚年时，历经儿子、颜渊、子路三人死亡之巨大伤痛。"颜渊死，子哭之恸。从者曰：'子恸矣！'曰：'有恸乎？非夫人之为恸而谁为？'"（《论语·先进》）"恸"代表哭得非常伤心。学生们知道老师平常讲情感要"发而皆中节"，就提醒老师别过度伤心，孔子反而说："不为这样的人过度伤心，我要为谁哭得太伤心呢？"颜渊是他最好的学生，因此，外在的规定反而不能符合他内心自然情感的要求，所以孔子才会如此说。只是，这些话也让学生们有压力，言下之意，若是其他的学生过世，孔子就不会这么伤心。

孔子教自己的儿子伯鱼，说："不学《诗》，无以言。"（《论语·季氏》）意即不学《诗经》的话，就没有说话的凭借。多少人不学《诗经》照样说话，所以"无以"的"以"是凭借。孔子说过："言之无文，行而不远。"（《左传》）说的话不够文雅，就无法流传久远。孔子也曾对伯鱼说："女为《周南》《召南》矣乎？人而不为《周南》《召南》，其犹正墙面而立也与！"意即你仔细读过《周南》《召南》了吗？一个人如果不曾仔细读过《周南》《召南》，就像面朝墙壁站着的人，什么都看不到。《诗经》分为风、雅、颂三部分，风按地区分为十五国风，《周南》《召南》居十五国风之首。二南内容侧重夫妇相处之道，有勉人修身齐家之意。

文质彬彬的言行

孔子认为，学习《诗经》是为了了解做人处事的道理，它的内容包含各种人情世故。如果觉悟人生没有长期的欢乐，也没有长期的痛苦，就能明白如何做人处事。但是，必须活学活用。孔子说："诵《诗》三百，授之以政，不达；使于四方，不能专对；虽多，亦奚以为？"（《论语·子路》）古代的大使"受命不受辞"，国君只给命令，不会给谈判的言辞，大使必须自己想办法。所以，如果《诗经》三百篇都熟读了，给他政治任务，无法顺利完成；派他出使外国，不能独当一面；这样即使读再多书，又有何用呢？孔子强调学习之后要能思考，思考后可以觉悟，觉悟之后则用在生活、政治上。由此可见，读《诗》是古代从政之前的基本修养。

孔子说："小子何莫学夫《诗》？《诗》，可以兴，可以观，可以群，可以怨。迩之事父，远之事君，多识于鸟兽草木之名。"（《论语·阳货》）小子是指年轻人，孔子说：

"同学们为什么不学《诗》呢？《诗》可以抒发真诚的心意，可以观察自己的志节，可以沟通人与人之间的情感，可以讽谏怨刺不平的事。学了《诗》，近的懂得如何侍奉父母，远的懂得如何侍奉君主。此外，还能广泛认识草木鸟兽。"

"怨"是《论语》中谈到情感时出现最多次的字，共二十次。人怎么可能不抱怨呢？任何事情，只要不顺心或与人来往产生误会，都会抱怨。抱怨是很平常的事，重点在于如何纾解，否则怎样都不会快乐。读《诗经》会发现怀才不遇、深受委屈的事非常多。《诗经》还有批评天的句子"视天梦梦"，看到天如同做梦一般，怎么让好人吃苦，坏人得意呢？人与人如果互相伤害，不知道互相尊重，难道不怕天吗？所以，读《诗经》能帮助我们化解怨气，调节情绪。

学了《诗经》后，就能了解如何与父母、国君相处，思考周到，情感丰富。譬如，当你读道："无父何怙，无母何恃，出则衔恤，入则靡至。父兮生我，母兮鞠我。"（《诗经·蓼莪》）能不孝顺吗？也因而了解如果没有领袖，没有国君，国家将无法发展。

《诗经》的鸟兽草木加起来五百多种，而我们生长的地区，生物的种类有限，所以读《诗经》就能多认识鸟兽草木之名与它们的特性，丰富我们的视野。此外，还能让人对生物界抱持同情心，各种昆虫、植物、动物被引用来形容人的生命情况，非常生动。文学作品的珍贵性在于它能够虚构，善用比喻或寓言来烘托出人的生命情境。

学生们如果引用《诗经》与孔子讨论，他会特别开心。譬如，子贡问孔子："贫而无谄，富而无骄，何如？"孔子的答案是："不如贫而乐道，富而好礼。"子贡立刻想到《诗经》的"如切如磋，如琢如磨"，也就是精益求精。他引用这句话，有画龙点睛的效果，从消极到积极，使人生充满希望，所以孔子对子贡非常称赞。

另一位获得孔子赞许的是子夏。子夏和子游都是文学科的高才生，对于文献非常熟悉。子夏曾谈《诗经·卫风·硕人》"巧笑倩兮，美目盼兮，素以为绚兮"的意思，这段对话，不仅是表面的问题，还有完整的思考系统，值得我们深入了解，这一章连南宋的朱熹也误解了。这段话原来是赞美卫庄公妻子庄姜的，子夏问："笑眯眯的脸真好看，滴溜溜的眼睛真可爱，白色的衣服穿上去都非常绚烂。这几句诗什么意思？"子夏问，为什么白色的衣服能使她很亮丽呢？其实，从字面上就知道说的是"天生丽质"，一个漂亮的女孩子，不用穿彩色的衣服也非常亮丽。孔子回答他"绘事后素"(《论语·八佾》),绘画时,最后才上白色。

朱熹是南宋人,当时已经有质量很好的宣纸了,宣纸是白的,所以朱熹把孔子的话加上一个字,变成"绘事后于素",意即绘画的时候先有白色的纸,再画上色彩。但是,孔子的年代只能在绢帛上作画,汉墓出土的也都是绢帛。《论语·卫灵公》里也有子张把孔子的话记在衣带上的资料。绢帛是有颜色的,在黄色中带点咖啡色,所以画画的时候白色是很珍贵的颜料,各种红的、蓝的、绿的、黄的、黑的皆有,最后才上白色,可以让各种颜色都凸显出来。这是古代画画的习惯。朱熹仅凭南宋的绘画习惯,以为是在白色的纸上画彩色,他完全弄反了,请看本章的下半段。

子夏曰:"礼后乎?"子曰:"起予者商也。始可与言《诗》已矣。"本来孔子回答"绘事后素"就可以结束谈话了,但是子夏忽然之间得到灵感,就加了"礼后乎"三个字,礼仪是以后才有的吗?这句话太精彩了。孔子虽说"三人行必有我师",到处向别人请教,但他是研究《诗经》的权威,居然说:"能够启发我的就是子夏,以后能同子夏谈论《诗经》了。"孔子的欢喜之情,配合了高度的称赞,这是为什么?

一般人都把礼当作彩色，行礼如仪，彬彬有礼，但其实礼是白色的。礼的本质在于仁，也就是"真诚"。有真诚的情感，才需要礼仪的表现。如果内在没有真诚的情感，只有外在的礼仪，则是虚伪。所以孔子说："礼云礼云，玉帛云乎哉？乐云乐云，钟鼓云乎哉？"（《论语·阳货》）意即我们说礼啊礼啊，难道只是在说玉帛这些用来做祭祀的供品吗？我们说乐啊乐啊，难道只是在说钟鼓这些乐器吗？他还说："人而不仁，如礼何？人而不仁，如乐何？"一个人没有真诚的心，能用礼做什么呢？一个人没有真诚的心，能用乐做什么呢？这代表礼乐的本质在于真诚的情感。孔子之所以称赞子夏，就是因为他听到绘画的时候最后上白色，就问："礼是以后才有的吗？"意即人在世上，因为人性向善，本来就很美了，礼仪是后来才加上去的，就如白色一般。只要天生丽质，穿上白色的衣服，照样非常绚烂。

《易经》里面的贲卦，卦象是山火贲，山下有火，就是装饰的意思。而《易传》中，对这些卦的解释也包含儒家的传统。贲卦里面的最高境界是什么呢？白贲。这就很有意思了，贲是装饰品，用白色作为装饰，是最好的装饰。白色本身没有颜色，才能使人的实质与内涵完全呈现出来而没有遮蔽。一个人活在世上，只要真诚，内在向善的本性就很美了。外在的礼仪、礼貌、礼节是后天学来的，后天学得的，绝对不能取代人先天向善的美好本质。我们从这其中就可以了解孔子的观点。

子夏在孔子的评价中，是性格比较退缩的。《论语·先进》中，子贡曾就子张与子夏的性格询问孔子的看法，"子贡问："师与商也孰贤？"子曰："师也过，商也不及。"曰："然则师愈与？"子曰："过犹不及。""子贡想知道子张与子夏谁比较杰出，孔子说，子张（师）因为求好心切，以致做事常过度；子夏（商）的个性较为退缩，对于没有准备好的事，往往就不做了。子贡认为过比不及好吧，但是孔子却说"过犹不及"，这句话现在还通用，过度与不足都不妥当。

君子以文会友，以友辅仁

文学作为教育的内容，目的是要让学生能够保存或恢复纯洁的情感。人生最可贵的就是真诚，可以通过教育促成的，则是阅读《诗经》，所以孔子把《诗经》当作教化的开始，它对于治理国家有相当大的作用。一个国家有诗教的话，则能产生温柔敦厚的社会风气。孔子是哲学家，但是对文学也十分肯定，也非常认同文学的效果。

子游、子夏都列属文学科，子游担任武城的县长时，有一次孔子带着学生经过，听到城里传来弦歌之声，孔子听了莞尔而笑。整部《论语》只有在此处出现孔子的笑容，这段内容出现在《阳货篇》。子之武城，闻弦歌之声，夫子莞尔而笑曰："割鸡焉用牛刀？"子游对曰："昔者，偃也闻诸夫子曰：'君子学道则爱人；小人学道则易使也。'"子曰："二三子！偃之言是也；前言戏之耳！"孔子笑完之后说："杀鸡何必要用宰牛的刀？"意即小题大做了吧！结果子游听到了，就向老师抱怨："以前听您说过：做官的学习人生道理，就会爱护百姓；一般百姓学习人生道理，就容易服从政令。"孔子立刻就笑了，然后说："各位同学，偃的话是对的，我刚才只是同他开玩笑啊！"

一般人认为孔子很严肃，不苟言笑，但其实他也很有幽默感。学生如果与他意见不同，会提出抗议，他也会认错。譬如，周游列国的时候，有一次情况危急，慌乱之中颜渊走散了。颜渊不见可是大事，孔子很着急，就慢慢走。第二天，颜渊赶来了，孔子非常高兴，一时之间忘记修饰言辞，直接问："你昨天不见了，我以为你遇害死了。"颜渊说："老师，您还活着，我怎么敢死呢？"这一段在《先进篇》。子畏于匡，颜渊后。子曰："吾以女为死矣。"曰："子在，回何敢死？"我们真希望颜渊的话能够实现，让他可以发展孔子的思想。这是他们师生之间的默契，一起生活、工作、周游列国、逃难。他们除了是师生，也是患难之交、生死之交，这就是他们情感深厚之处。

孔子被匡城的人所围困，生命有危险，差点被杀。孔子说："文王既没，文不在兹乎？天之将丧斯文也，后死者不得与于斯文也；天之未丧斯文也，匡人其如予何？"（《论语·子罕》）周文王死了以后，文化传统不都在我这里吗？天如果要废弃这种文化，后代的人就失去学习文化的机会；上天如果不希望文化传统消失，匡城人民能对我怎么样？朱熹的学生在《朱子语类》记载朱熹讲述《论语》时，说孔子有天命在身，别人不能随便杀他。学生很聪明，就问：万一那些暴民冲进来之后把孔子给杀了呢？朱熹说不可能，孔子有天命在身，不可能被杀。学生就说，那万一被杀怎么办呢？朱熹说，那也只好认了。

匡人为什么会围困孔子，并有意杀他？因为他们误以为孔子是阳货。阳货是季氏家的总管，架空鲁君的权力。阳货曾经带兵镇压匡地，所以匡城的百姓都很痛恨他。他们误会孔子的理由有二：一是孔子与阳货体貌相似，这一点很难想象；二是替孔子驾车的学生颜刻，他以前替阳货驾过车。孔子坐在车中，帘幕遮住脸，匡人只见到外面驾车的人，以为有机会报复阳货，所以他们围了过来。傍晚时，学生们都很紧张，张皇失措，孔子却气定神闲地弹着琴。匡人心想，阳货不可能有这种文化修养，就找人打听一下，才发现弄错了。

孔子在晚年时，知道自己大限将至，根据《史记·孔子世家》的说法："孔子病，子贡请见。孔子方负杖逍遥于门，曰：'赐，汝来何其晚也？'孔子因叹，歌曰：'太山坏乎！梁柱摧乎！哲人萎乎！'因以涕下。谓子贡曰：'天下无道久矣，莫能宗予。夏人殡于东阶，周人于西阶，殷人两柱闲。昨暮予梦坐奠两柱之间，予始殷人也。'后七日卒。孔子年七十三，以鲁哀公十六年四月己丑卒。"泰山要崩了，国家的柱子要摧毁了，一个有智慧的人的生命要结束了。孔子了解自己的生命已到尽头，自己的儿子、颜渊、子路都过世了，其他学生似乎无法立刻推展他的思想，他因此感叹，于是吟唱了这首歌。孔子从年轻的时候到生命的最后一幕，常用唱诗的方式来表达心意。

我们学习《论语》时，对于《诗经》的内容只需重复几个基本观念即可，因为孔子是一位哲学家，不是文学家。哲学家的任务是：第一，澄清概念；第二，设定判准；第三，建构系统。首先，一般人在沟通时，所使用的是"概念"。这些概念已经脱离真实的事物，隔了好几层，而在实际使用时，也会加进其他的因素，于是概念的本义更加模糊，连说话的人都讲不清楚了，所以哲学家第一个任务就是要澄清概念。上哲学课的时候，老师最喜欢问：你说的这个字词是什么意思？譬如，我们要讨论"龙"，就要先说清楚是恐龙还是什么龙，恐龙还分好多种，如果是小小的一只，谁怕它？但如果是暴龙，谁不怕它？所以要说清楚。西方把龙当作恶魔的化身，或是动物界中的恐龙。中国人提到龙，则是真命天子。很多人取名叫梦龙，希望梦到龙，如果跟外国人谈论，没有界定名词的话，就会浪费时间。

其次是设定判准，什么叫判准呢？我们现在说张三是好人，李四是坏人，好坏的标准何在？是谁定的？为什么这样定？不说清楚的话，一个好人到另一个地方可能变成坏人。我们讲美丑，你说张三是美女，美的标准何在？你把她送到非洲长颈族去，当地大多数居民脖子都很长，长脖子的才代表是美女，那么再美的世界小姐以当地的标准来看，都变丑了，没有人要看第二眼。

最难的是建构系统。要把人类、宇宙，以及宇宙的来源、人类的来源、社会的来源、善恶的根源全部整合在一起加以说明，这是最难的了。如果不能整合人类与自然界，以及超越界，思想就不成系统。只要是大哲学家，一定会致力于建构系统。譬如，孔子碰到生命危险的时候，就提出"天"的概念，代表他有系统。我们不是哲学家，碰到危险时，心想"好死不如赖活着"，逃命吧！孔子则说："天之未丧斯文也，匡人其如予何？""天生德于予，桓魋其如予何？"（《论语·述而》）这就是有系统的缘故。这个系统在道家老庄的思想中更明显也更完整，西方学者更为推崇道家的原因就在这里。《诗经》落实在人的情感生命的层次，是不可或缺的。哲学是一种高层次的、理论的学问。哲学家爱好智慧，人的情感当然属于人的智慧要了解、掌握及欣赏的部分。

第三讲：乐与生活趣味

孔子的人文教育，主要的内容是诗与乐，以及宗教信仰。

孔子向老子问礼，向师襄学琴。师襄是盲人，孔子向他学琴的时候还很年轻，很快就学会了。师襄表示可以学习新曲了，孔子却说："我只懂得如何弹奏，还不了解如何表现音律的抑扬顿挫。"过了一段时间，师襄认为孔子的技巧已经非常纯熟了，便说："该换学新曲子了吧。"孔子还是回答："不行，我虽然了解了技巧，但还没有领略这首曲子的内涵。"师襄听了，觉得孔子这个学生很特别，便让他继续学同一首曲子。孔子又再练习了好几天，师襄觉得他实在弹得太好了，又道："赶快换一首曲子吧。"孔子说："不行，我还没有体会出作曲者是什么模样。"师襄是盲人，难以想象孔子还要通过演奏将作曲者的形貌揣摩出来，但还是只能让孔子继续练习。过了几天，孔子说："我现在知道作曲之人的样子了。他的肤色黝黑，身材高瘦，眼睛看着远方，好像在牧羊，如果不是周文王，那会是谁呢？"这首曲子的标准答案就是《文王操》。师襄离开老师的位子，向孔子作揖致意。孔子不是只学一首曲子，而是像海绵一样，把所有好东西都吸收了。

音乐与自得其乐

伟大的人有不少，我们不见得都认同，但他们的学习过程都值得参考。拿破仑年轻的时候，拿到任何书都如饥似渴地念完。很多人都有类似的经验，像古典小说《三国演义》《水浒传》等，我小时候都躲在棉被里偷看，看到废寝忘食。不过若是和孔子相比，我们还差得很远，孔子学而不厌，学成之后，就成为一种特殊能力。演奏乐器是不可多得的能力，但是学习的过程非常艰辛。孔子以学习为乐，由于家里贫穷，生活没有保障，一切都得靠自己，反而能够学得非常彻底，充分实现音乐的潜能。孔子后来多次处在逆境中，都用音乐来化解。

古人用"声""音""乐"三个字来解释音乐。第一，大自然与人类都能发出"声"，打雷、鸟鸣、犬吠，人也一样。但人可以发音，"音"底下加一个"心"就变成"意思"的"意"了。只有人发出的音可以表达意思，其他动物发出的声，只是本能的表现，用以求食或求偶。人的音就是把声加以调节，像中文的四声，对外国人来说就不易理解。一个美国学生学中文，才学了一个多月就向我抱怨中文真难，我问他难在哪里，他说搞不清楚四声与字词位置，弄不明白"你好吗""你妈好""妈你好"的分别，他说外文比较容易，一个字一个意思，一句话中就算字的位置不一样，意思依旧差不多。我们觉得学英文很难，他们觉得学中文更苦。相对来说，英文是比较容易的。假设英文不好的人跟外国人做生意，沟通了几次，彼此都能了解对方在说什么。好久不见——long time no see，这样的说法外国人也能听得懂。可是中文字只要位置一换，意义差别就很大。音就是能够通过声来表达特定的意思。每一种民族的语言，都是不同的音所组合而成的。

人的内心情感太丰富了，音发出来之后就要拉长，我们说"一唱三叹"，唱歌就是把音拉长，一句话用讲的也许只要几秒钟，用唱的可能需要三分钟，既然如此，为什么还是喜欢听呢？主旋律回旋反复，和别的音配合起来，就有不同的效果，"乐"也因而产生了。孔子说"兴于诗、立于礼、成于乐"，只有人类可以欣赏及享受音乐。有时候我们听别人演唱，就算根本不知道内容，也能陶醉其中。我曾经因为喜欢听意大利男高音的演唱而想学意大利文。我在荷兰教书的时候，研究院里有一位意大利学者，我把最喜欢的歌手安德烈·波切利的歌词拿去请教他，他为了把歌词翻译成英文，又抓头又搔耳朵，好像很为难似的，后来我就放弃学习意大利文了。由此可见，音乐的伟大在于，即使语言不通，照样可以引发情感。

尼采说，生活里如果没有音乐，将是一种错误。人生在世，总需要音乐来调节情绪。孔子也通过不同方式来表达情绪。第一，唱歌。孔子很喜欢唱歌。学生记录他"子于是日哭，则不歌"（《论语·述而》）。孔子在这一天哭过，就不再唱歌了。孔子常常哭，是因为他主要的工作是替别人办丧事，看到孝顺的子女如此哀伤，他也忍不住跟着哭了，所以学生才有统计的资料。如果孔子男儿有泪不轻弹，或者一年哭一次，数据太少，就无法作为统计的材料。学生说：老师这一天哭过，就不会再唱歌，不会有例外的。相反，孔子如果这一天不哭，他就可能唱歌。这样说合乎逻辑。为什么说他可能唱歌呢？如果哭与唱歌完全没有关系，何必说今天哭了就不唱歌呢？另一句更明显了："子与人歌而善，必使反之，而后和之。"孔子与别人唱歌，唱得开怀时，一定会请对方再唱一遍，自己跟着再唱和一遍。从这些小地方可以看出孔子的日常生活，孔子的一生和一般人没有太大的不同，他有工作，也有丰富的人际互动关系，尤其他周游列国时遭遇了许多事情，此外当然他也需要休闲。

孔子在日常生活中唱歌，是自得其乐的一种方式。人不能选择所生存的时代，也很难改变当下的社会，但是可以选择生活的方式。说得更具体一点，人不能选择故乡，但能选择心灵上的故乡。有的人想生在春秋时代，与孔子同时，认为古代比较好，但若问孔子的意见，他应该不会觉得自己所处的年代有多好，毕竟那是个乱世，天下无道。我们要学习的是，把古代贤人的智慧应用在今天的社会上。既然无法改变时代和社会，如果自己还活得不快乐，这不是双重损失吗？如果社会一片祥和，而自己辛苦一点，追寻人生的意义，所谓"不曾终夜痛哭者，不足以语人生"，那还说得过去。外面很乱，心里也很烦，那就太累了。所以，孔子通过唱歌自得其乐，他的生活是很有情调的。

美感的教化力量

第二，演奏音乐。"孺悲欲见孔子，孔子辞以疾。将命者出户，取瑟而歌，使之闻之。"（《论语·阳货》）学生孺悲犯了错，想拜访孔子，孔子托言有病，拒绝见他。传命的人一走出房间，孔子就取出瑟弹唱起来，让孺悲可以听到。这是孔子的一种教育方法，不教就是教，要让孺悲自我反省。孟子也说："教亦多术矣！予不屑之教诲也者。是亦教诲之而已矣。"（《孟子·告子下》）孺悲做错事了，大家都知道，但是没有人说得清楚是什么事情，反正就是犯了严重的错。孔子不见他，是因为很多人犯错之后跑去找老师，认为既然我跟老师谈过了，老师原谅了我，其他人也不好再多加责怪。孔子以疾病为由不见孺悲，却又弹瑟让他知道自己没病，就是要教导孺悲犯错不要找别人当借口，要勇于改过。

　　古代有两首非常有名的乐曲，歌颂舜的《韶》乐和歌颂周武王的《武》乐。《论语·述而》中说："子在齐闻《韶》，三月不知肉味，曰：'不图为乐之至于斯也。'"孔子在齐国聆听《韶》乐的演奏，有三个月的时间食肉不知其味，据说在山东淄博市（齐国首都）还有孔子闻韶处。人的感官功能有相通的作用，若是其中一种受到强烈震撼，其他的就退居幕后。换句话说就是"用心"所在，可以使人暂时忽略其他官能。听到好的音乐，不是只有耳朵觉得快乐，而是整个人的愉悦感受提升了，这时所感受到的是一个唯美的世界。一般人听到悦耳的音乐，也许只会觉得很开心，而孔子却赞叹音乐能达到这么完美的程度。不过也有人提出不一样的说法，认为应该是"子在齐闻《韶》三月，不知肉味"，毕竟古文是不加标点符号的，但是《韶》乐是难得的演出，需要大规模的乐师与乐器，要听三个月恐怕不大容易。

　　孔子对音乐很有研究，《论语·八佾》中记录他和鲁国大乐官的对话，可惜讲得很简单，也不易明白。"子语鲁大师乐曰：'乐其可知也，始作，翕如也；从之，纯如也，皦如也，绎如也，以成。'"孔子说音乐是可以了解的，一开始的时候，各种乐器合奏，像春天一样百花齐放，热烈而活泼，因为音乐可以改变整个气氛。我们有时候听课会觉得很枯燥，那是因为没有背景音乐。电影有背景音乐作为搭配就很引人入胜，差别很大。接着主旋律出现，节奏清晰而明亮，然后绵延而反复，最后才一曲告终，让情绪发展到一定的时候，自然而然地，止于其所不得不止。由此可见，孔子对于音乐具有相当程度的了解，甚至可以同音乐专家讨论。

尽美与尽善

不过以上这一段还不足以说明孔子的高明之处，孔子后来评论《韶》乐与《武》乐的差别，有更特别的心得。"子谓《韶》：'尽美矣，又尽善也。'谓《武》：'尽美矣，未尽善也。'"（《论语·八佾》）孔子说《韶》乐尽美又尽善，《武》乐尽美但是没有尽善。这也引起很多讨论。很多人说孔子认为艺术的本质就是善，美是一种形式，善是一种内容。这个说法的根据何在？演奏一首乐曲，该分几段，节奏该怎么安排，形式方面很完美，因为有一定的要求，但内容却不够完善。内容指的是歌词，难道周武王的时代没有人才吗？不能把歌词写好一点吗？把"美"当作形式，"善"当作内容，于是儒家的哲学思想用到文艺上面，会被批评是"文以载道"。如果把文学拿来承载那个道，压力就很大。对照西方学者说的"为艺术而艺术"，会觉得比较自由。如果是为道德而艺术，压力就很大，似乎对艺术审美的价值有所损伤。

孔子说《韶》乐尽美尽善，尽美并不难，只要有一定的水平，乐师们所有的乐器全部都顾到了，各种条件的搭配都没有问题，当然能够尽美，尽善则牵涉到演奏的内容。《韶》乐是歌颂舜的。舜是古代伟大的圣王，在位五十多年，他的德治教化普及天下，德行广被万民。《韶》乐的内容谈到善的部分，所以叫作尽善，因为古代没有那么长命的帝王，后代虽有，但不见得是好的。

周文王曾经被商纣王关在羑里七年，他低声下气、卑躬屈膝，苟全性命于乱世，只为了将来周朝能够振作起来。这七年之间他有一个重要的成果，即完成了《易经》，他把《易经》六十四卦的卦辞、爻辞全部写出来。《易》历三圣，就是指伏羲开始画卦，周文王把卦辞、爻辞写出来，到了周公接着做，孔子跟他的学生们再传《易传》。《易传》不是孔子一个人写的，是孔子与学生代代相传结集而成的一部伟大著作。周文王过世后，周武王带着父亲的牌位，号召百姓和商朝作战，而后革命成功取代商朝，历史称其"顺乎天，应乎人"。不过周武王只做了六年天子，德行还没有广被天下，所以需要由弟弟周公辅政。周武王死后，其子周成王继位，由叔叔周公辅佐。而后，派去监督商朝后裔的管叔、蔡叔联手一起叛乱，周公又花了很多年才平定。六百年历史的商朝，很难一夕之间替代的，瘦死的骆驼也比马大，要很长的时间才能慢慢转移。

　　这种审美观牵涉到儒家的人性论。善与人的生命有关，我们强调人性向善，人的任何行为都要回归落实到人性上，儒家不可能为了艺术而艺术，最后弄出一些稀奇古怪的东西。当代西方艺术有时很难理解，很多东西我们看不懂，需要有人解释才能明白其所象征的意义。最后，艺术与审美不见得有必然关系，因为他们认为艺术基本上在于回归真实，有时候会用丑恶来揭发假象。现在的艺术展览有时会让人紧张，譬如，一堆骷髅放在一起也是一种艺术，这样的艺术表现已经从审美转到求真，让人不要活在虚伪的幻想里面。古代没有这样的想法，古代认为艺术演奏，包括绘画，都是美的表现，而孔子认为人所有的表现最后都要回归人性，而人性是向善的，不可能单纯为了艺术而艺术，一定是回到对人的生命有所助益上，否则就可能失之毫厘，谬以千里。开始走偏一点点，最后变成纯粹是为艺术而艺术，弄出一些奇奇怪怪的东西。

荷兰出了一个伟大的艺术家凡·高，所以荷兰政府特别鼓励艺术创作，成立了很多基金会。我在荷兰那一年，看到一篇报道说，有一位心理学家需要这些经费支持，就去申请艺术创作，一年之后要交出成果的时候，他根本就没有什么创作，于是灵机一动，在诊所前的街道上搭了一个简单的台子，站在上面说："这是我的研究成果，我本人就是艺术品。"没想到居然通过了。以前没有人这么做过，因为他够创新，所以成为艺术，但是隔年有人依样画葫芦，就没人理会了。美国大都会艺术博物馆有一次展出一棵白菜，后来有一个乡下农夫运来一卡车白菜，博物馆当然不接受。西方的艺术展览有时候是荒腔走板，古代中国没有这回事，艺术的美要回归到人的生命的善。

《论语·里仁》中说："子曰：'里仁为美，择不处仁，焉得智？'"孔子认为居住在民风淳厚的地方是最理想的，所以《论语》中，美善可以通用，觉得美的，是因为有善可以配合。孔子也讲过："君子成人之美，不成人之恶。小人反是。"（《论语·颜渊》）这里的"美"当然是指"善"，因为和"恶"相对。君子帮助别人行善，不会帮助别人做坏事。古人对于美和善的概念是可以相通的，因为最后都要落实到人的生命，看是否有所助益，让人可以行善。从这一角度加以理解，就不会觉得孔子的说法过于突兀。

《论语》中关于孔子对于音乐的说法并不多见，值得一提的是孔子谈人生的志向，有两段材料。我们反复提到孔子说自己的志向是"老者安之，朋友信之，少者怀之"（《论语·公冶长》），这十二个字，现在要提的是在《先进篇》的另一段。

子路、曾皙、冉有、公西华在旁边坐着，孔子说："我比你们年长几岁，希望你们不要因此觉得拘谨。平常你们说没有人了解你们，如果有人了解你们，又要怎么做呢？"子路立刻回答："一千辆兵车的国家，夹处在几个大国之间，外面有军队侵犯，国内又碰上饥荒。如果让我来治理，只要三年，就可以使百姓变得勇敢，并且明白道理。"孔子听了微微一笑，接着问："求，你怎么样？"冉有回答："纵横有六七十里或五六十里的地方，如果让我来治理，只要三年就可以使百姓富足，至于礼乐教化则需等待高明的君子。"

孔子又问："赤，你怎么样？"公西华回答："我不敢说自己做得到，只是想要这样学习。在宗庙祭祀或者国际盟会时，我愿意穿礼服、戴礼帽，担任一个小司仪。"孔子又问："点，你怎么看？"曾皙弹瑟的声音渐稀，然后铿的一声把瑟推开，站起来回答："我与三位同学的说法有所不同。"孔子说："有什么关系呢？各人说出自己的志向罢了。"曾皙说："暮春三月时，春天的衣服早就穿上了，陪着五六个大人、六七个小孩到沂水边洗洗澡，在舞雩台上吹吹风，然后一路唱着歌回家。"孔子听了赞叹一声，说："我欣赏点的志向呀！"

曾点的志向配合天时地利人和，春天就不要想夏天、冬天怎么样，就做春天可以做的事，这叫作天时。地利呢，鲁国有沂水，非常小的河流，不要好高骛远想去游长江，沂水就足以让你在里面洗洗澡、游游水了，旁边还有舞雩台，舞雩台是祭祀的地方，可以到上面去吹吹风，然后一边唱歌一边回家。和五六个大人、六七个小孩同行，天时地利人和都具备了，快乐无所不在。人活在世界上就是要过得快乐，只有曾点把握到这一点，另外三个学生不是不对，而是既然想在社会上发挥抱负，就要等待时机，但时机没有任何保障，可能一辈子都有所准备，却没有机会发挥，难道要让这一生在等待中错过吗？那又怎么能算是人生呢？等待机会是一回事，真正要能自得其乐，配合天时地利人和，随遇而安，儒家的处世智慧就在这里。

《中庸》第十四章说："素富贵，行乎富贵；素贫贱，行乎贫贱。"君子无论处于富贵或贫贱，都不会影响情绪，还是做自己该做的事，这是修养的第一步。孟子推崇舜是毫无保留的："舜之饭糗茹草也，若将终身焉；及其为天子也，被袗衣，鼓琴，二女果，若固有之。"（《孟子·尽心下》）他说舜在吃干粮啃野菜的时候，就像打算一辈子这么过似的；等他当上了天子，穿着麻葛单衣，弹着琴，尧的两个女儿伺候着，又像本来就享有这种生活似的。人生最难的就是这四个字：若固有之，这样才会安于当下的生命，把手中的每一件事情彻底做好。人生最怕好高骛远，浪费生命。孔子、孟子将儒家的基本精神表现得淋漓尽致。孔子称赞曾点，也是因为他把握了这一点，由此也看出孔子具有浪漫情怀，谁不喜欢过得快乐呢？如果天下太平的话，我们何必那么辛苦？就好像孔子对隐士说："天下有道,丘不与易也。"（《论语·微子》）天下有道的话，我孔丘就没有必要带着学生一起去改变了。就因为天下乱了，所以我们读书人的使命感，让我们必须努力改善天下，照顾百姓。

　　当孔子公开称赞曾点的志向之后，另外三个学生都知道自己这次的表现不够好，所以赶快离开了。其他三人走后，曾皙问孔子："三位同学的话怎么样？"孔子说："各人说出自己的志向罢了，不要计较。"但是曾皙又问："老师为什么要笑由呢？"孔子说："治理国家要靠礼仪，他的话却毫不谦让，所以笑他。"曾皙再问："难道求所讲的不是指国家吗？"因为冉有很谦虚，说其治理的地方很小。孔子说："你怎么看得出纵横六七十里或五六十里的地方不是国家呢？"孔子肯定冉有治理国家是没有问题的。曾皙又问："难道赤所讲的不是指国家吗？"因为公西华说的是做一个小司仪。孔子说："有宗庙祭祀的国际盟会，不是诸侯之国又是什么？赤如果只做个小司仪，谁又能做大司仪呢？"这话讲得多好！这三段话传出去之后，前面那三位同学原本可能感觉到自己这一次讲得不够好，没有得到老师的肯定，现在，冉有和公西华可以恢复信心了，老师认为他们可以治理国家，而子路则要吸取教训，下回要先想一想再讲，学会谦让。

　　每一个人都学到教训了，而曾皙在最后得到孔子的称赞，但从他接着询问的几个问题来看，显示他还是有比较的心，就代表有所执着，并不像他之前讲的那般超然。孟子后来把曾皙列为狂者，特征可以用八个字来形容，"言不顾行，行不顾言"。说的话与行为不能配合，做的事与说的话不能配合，说明狂者理想很高，但是不见得做得到。做人不能仅靠志向，还要能具体实践。

我们读《论语》，崇拜孔子一个人就够了，其他的学生跟我们一样，都是慢慢成长着的，如此一来，我们才能感觉《论语》中的观念可以和自己的生命相结合，不然《论语》已经是两千多年前的古文了，对现代人而言，会有种不真实的感觉。孔子的学生们也会犯错，像宰我就被孔子痛斥为"朽木不可雕也"；冉有为官，虽然做得不错，但他替季氏做总管，居然增加了税收，让老百姓的生活更辛苦，孔子受不了，便对学生说可以对冉有"鸣鼓而攻之"，可见孔子对于学生有一定的要求。学生学成之后，如果犯了错，孔子还是有意见的。冉有与子路后来都当了季氏的家臣，结果季氏将出兵攻打颛臾，即鲁国一个小小的附属国，孔子就把冉有和子路找来，问他们能不能劝阻季氏，他们说不行，孔子就不高兴了。孔子主张"以道事君，不可则止"。有时学习儒家思想，会觉得两千多年下来，读书人真是委屈，做了官之后没有骨气，因为一有骨气，恐怕就要杀头、放逐，那怎么办呢？我们当然不能全怪这些读书人，因为政治的力量太大了。

两千多年来的中国，用四个字来说是"阳儒阴法"，表面儒家，内在是法家。事实上谭嗣同早就说过："两千年之政，秦政也；两千年之学，荀学也。"（《仁学》）荀子是战国后期的儒家学者，主张性恶，认为自己是孔子的真传弟子，要与孟子争正统，结果荀子教出的两个学生，证明他的教育有问题，一位是李斯，一位是韩非，李斯是秦始皇的宰相，韩非是法家的代表人物。由此可见荀子的思想一定有些偏差，这是很合理的推论。历史上的事实不能扭转，我们只能接受这样的事实。但是我们学儒家，还是要把握纯正的儒家思想，要根据《论语》与《孟子》的材料。

孔子善于用音乐表达心声。《论语·宪问》中记载，孔子于卫国击磬（石片做的乐器），有一个人挑着竹篓子，经过孔子住处的门前，一听就知道击磬之人复杂的情绪，就说："如果觉得没有人了解你，你就停下来算了。"这个人算是孔子的知音了。孔子可以借乐器表达心声，让别人知道他在想什么，可见音乐在孔子的生活中扮演着多么重要的角色，所以孔子才说"兴于诗，立于礼，成于乐"。一个人生命的完成，一定要通过音乐的素养，生活在优美的旋律里面，使枯燥乏味的日常生活增添许多趣味。人类发明音乐，本来就可以达到这样的效果，我们为什么不多加利用呢？无论得意、失意，都可以通过音乐来调节，让生命显示一种综合的气象。

诗是教化的开始，乐让生活充满趣味，合起来是孔子对人文教育的看法。儒家不是只有"行善避恶"的伦理学说，也表现了审美和调节情感的层次。

主题四：觉悟天人之际

第一讲：认真面对死亡

中国人忌讳谈论死亡，仿佛只要不提起，死亡就不会降临。《论语·尧曰》提到古代帝王治理百姓最重视四件事：第一，民，就是老百姓；第二，食，因为民以食为天——这两点与活者有关；第三，丧，就是丧礼；第四，祭，就是祭祀——后两点则针对死亡和死后的问题。事实上有生就有死，死亡是非常自然的事情，重要的是如何面对死亡。

人生会面临三大挑战：一是痛苦，二是罪恶，三是死亡。每一位伟大的思想家都必须回答这些问题。首先，人有痛苦，从生理上的疾病、衰老，心理上的生离、死别，朋友之间的误会、恩怨，直到烦恼人生有无意义的痛苦。既然人活着是为了追求快乐，为什么要承受痛苦？它是必要的吗？如果是必要的，需要这么多吗？其次是罪恶，人活得好好的，为什么要互相伤害呢？很多罪恶纯粹只为了好玩，西方中世纪哲学家奥古斯丁（Saint Aurelius Augustinus，354—430）撰写的《忏悔录》，描述他童年时经过别人家的果园，看到园内立了一个"禁止偷摘水果"的牌子，他就偏要去偷摘，摘了之后也不吃，直接扔掉。后来他反省自己当时的心态，其实是一种破坏规矩的冲动，有如反叛心理，这也许是出于游戏的心思，却造成了别人的损失。至于像杀人放火这种罪恶，那就更严重了。哲学家对于痛苦、罪恶，都要合理地解释，解释不一定能够解决问题，但至少让人了解之后，愿意去面对它。

死亡更复杂了，人死了之后会去哪里？这个问题要交由宗教家来回答。宗教家的解释大致分为两种，一是死了之后还有轮回，但是轮回的问题很复杂，如何轮回？规则是什么？目的何在？需要多久？怎样才可以不轮回？这些都是待解决的问题。另一种说法是，人死了之后要接受审判，视其一生的行为决定是上天堂还是下地狱，最多中间再加一层炼狱。但如果一个人这一生的遭遇不尽理想，因而做坏事，别人的生活环境很顺利，所以能够做好事，如此天生的立足点不同，那么审判不是显得不近人情也很不公平吗？孔子如果不谈死亡，怎么算是哲学家呢？哲学爱好智慧，真正的智慧一定牵涉到最后的真实，因此我们要说明孔子如何看待死亡。

丧礼与祭礼：慎终追远

在《论语·先进》中，孔子说："未知生，焉知死？"很多人都因为这句话而误解孔子不了解死亡。其实孔子是因材施教，他认为子路的性格不太适合研究文学、艺术、宗教这些复杂而深刻的题材，但是子路听到别人谈论，也想请教孔子如何事鬼神。"事"这个字是指下对上，古代一般用在三个地方：第一，事父母或长辈；第二，事君上；第三，事天或鬼神。人死为鬼，鬼神是人类的祖先，超越人类的世界，事奉祖先是合理的。孔子知道子路不是真心想探究，只是表现好奇心，他真正关心的是治国平天下，所以回答他："未能事人，焉能事鬼？"你还不能好好跟人相处，怎么可能跟鬼神好好相处呢？子路显然不太满意这个答案，进而"敢问死"。"敢"是谦虚之意，胆敢请问老师，什么是死亡。孔子就说："未知生，焉知死？"你还不了解什么是生存的道理，怎么可能知道什么是死亡的道理呢？孔子的回答是有延续性的，活着的时候能与他人和睦相处，死后与鬼神也能好好相处，因为原理是一样的，要有礼貌，要真诚。了解生存的道理，活着时好好珍惜每一天，死了之后也不必担心。由此可知，孔子并不是不了解死亡。

《论语》一书中，"生"字出现十六次，"死"字出现三十八次。如果孔子不了解死亡，怎么会多次提到死？不过一般人不太喜欢这个字，很自然会假装没看到。其实孔子一向坦然面对人类的全部经验，再加上他长期以办理丧事为职业，又怎么会回避这样的问题呢？这个题材特别值得我们去了解。

丧礼用于对待过世的长辈、亲人、朋友，祭礼或祭祀则是对待祖先的。孔子曾说："礼，与其奢也，宁俭。"（《论语·八佾》）实行礼仪的时候，与其铺张奢侈，宁可俭约朴素，因为真诚的心最重要。接着他又说："丧，与其易也，宁戚。"办丧事的时候，与其仪式周全，宁可内心哀戚，因为哀戚表示对过去亲人的怀念。孔子强调真诚，内心的情感是外在行为的基础。孔子的学生曾参也说过："慎终追远，民德归厚

矣。"（《论语·学而》）慎终就是指丧礼，按照规定就不
会有太大的问题。追远是指祭礼，这就比较复杂了，祖先真
的存在吗？父母辛苦了一辈子，最后不幸过世了，子女将他
们风光大葬是合理的。孟子后来就说："养生者不足以当大事，
惟送死可以当大事。"（《孟子·离娄下》）

对鬼神的正确态度：不可谄媚

　　《论语·八佾》中说："祭如在，祭神如神在。"这是
描写孔子的态度，祭祀的时候，好像受祭者真的在现场，"如"
代表非常虔诚，好像真的一样。鬼神或祖先，本来就不是我
们可以看到的，所以祭祀的时候要斋戒，目的是要摆脱日常
生活的干扰，过比较平静平淡的生活，戒七日、斋三日之后
开始祭祀。很多人会问：孔子有没有宗教精神或者宗教信仰？
学者们也讨论了很久，但其实这没什么好讨论的，"子之所慎：
齐、战、疾"（《论语·述而》）就是标准答案了。孔子最
谨慎的三件事：第一，斋戒；第二，战争；第三，疾病。然

后孔子对于疾病很谨慎，不敢吃这个、不敢吃那个，就是担心会生病。孔子是反对战争的，因为战争是造成死伤的原因，并且死伤的大都是年轻人，何其无辜。所以，孔子特别称赞管仲，管仲是齐桓公的宰相，善用外交手段，使各国都可以避开战争。在此，重点是斋戒排在第一位，古人斋戒的理由是因为祭祀，不像现代人可能是为了其他因素，而祭祀就是很明显的宗教行为。

　　之后孔子接着说："吾不与祭如不祭。"古代没有标点符号，我的中学老师以前是这样教的："吾不与祭，如不祭。"我没有参加祭祀，就像我没有祭祀一样。朱熹也这样翻译，难道有人没有参加祭祀，却以为自己在祭祀吗？或者找别人代理祭祀，就算我祭祀了吗？这都说不通。孔子所言，不应该在"吾不与祭"之后断句，而应该整句话一起念。孔子曾说"吾与点也"，我欣赏曾点的志向，"与"意指肯定、欣赏。所以，孔子的意思是，我不赞成祭祀时有如不在祭祀的态度。有些人是因为父母的命令、别人的规定，心想反正没有鬼神，于是态度不太庄重，好像不在祭祀一样。学生一定是发现孔子"祭如在，祭神如神在"，所以请教他理由，孔子才回答我不赞成"祭如不祭"。这是唐朝韩愈的解释。韩愈说，孔子曾经讥笑那些祭如不祭者。由此可以看出孔子对于祭祀的态度。

古人相信人死为鬼，那神呢？是负责守护山河的大官，死了之后被封为神，因而产生了山神、河神，后代的人就祭祀这些神。古代规定天子祭天地，诸侯祭山川，所以神的应用范围很广。

我们该如何同鬼神相处呢？孔子说"敬鬼神而远之"（《论语·雍也》），很多人由这句话来批评孔子对鬼神的态度不一致，说他既然敬鬼神，就应该多亲近。其实孔子这句话的意思是，我们要尊敬鬼神，用适当的仪式与之交往，平常不要常去麻烦他们。鬼神是我们的祖先，活着的时候已经尽了做人的责任，死了之后就让他们安息吧。很多人求神拜佛是为了解决自己的问题，但从另一个角度来看，也算是推卸自己的责任，这并不是宗教真正的意义，也不是对儒家正确的理解。这句话的背景是樊迟请教怎样算作明智，孔子回答他："务民之义，敬鬼神而远之。"专心做好为服务百姓所该做的事，敬奉鬼神，但是保持适当的距离，因为百姓才是为官者要照顾的。孔子在提醒人不要"不问苍生问鬼神"。孔子讲鬼神的时候，会对照当时的社会现况，那时社会流行偷偷祭拜家族发达的祖先，所以孔子说"非其鬼而祭之，谄也"（《论语·为政》），祭拜别人的先人，就是谄媚。孔子接着说"见义不为，无勇也"，看到该做的事而没有采取行动，就是懦弱。这和前面"务民之义"是相通的。儒家教人看到该做的事就去做，该祭拜自己的祖先就要好好祭拜，这是一种入世精神，但不会因此而忽略已经过世的祖先。

孔子非常尊重鬼神，他称赞大禹"菲饮食，而致孝乎鬼神"（《论语·泰伯》），饮食非常简陋，对鬼神的祭品却办得很丰盛。"孝"只能用于对父母、对祖先，代表这里的鬼神指的就是祖先。

孔子反对谄媚鬼神。他在卫国的时候，卫国正值内乱。国君卫灵公的夫人是南子，南子长得很美，但是名声不好，她正式发请帖邀请孔子一见。子路担心南子的名声影响孔子，所以反对，但孔子认为别人以礼来相请，不好拒绝。不料，南子利用孔子的名声，故意邀孔子参观卫国都城，实际上是想让卫国百姓知道，孔子和他们是一路的。孔子是知名的学者，虽然到处不受重用，但人们都知道他是正人君子，何况他有一批优秀的学生。《论语·雍也》记载："子见南子，子路不说。夫子矢之曰：'予所否者，天厌之！天厌之！'"

孔子知道子路不满，就发誓说："我如果做得不对，让天来厌弃我吧！让天来厌弃我吧！"可见孔子很重视子路，而子路的误会也有理由，但是孔子心中坦荡，认为别人以礼相待，当然不能拒绝。南子与卫灵公的儿子蒯聩不和，想尽办法要离间他们，最后逼得蒯聩离开卫国。结果卫灵公死后，蒯聩的儿子接位，蒯聩便回国和自己的儿子争位，父子争国，卫国因而陷入动乱。

孔子到了卫国后，有一批人来拉拢他，卫国大夫王孙贾请教孔子"与其媚于奥，宁媚于灶"的意思。这句话是说：与其讨好奥神，不如讨好灶神。灶神是厨房的神，有实用价值，一般以为是指当权大夫弥子瑕。奥神在室内的西南角，地位尊贵，但是没有实权，指的是南子。结果孔子说："不然，获罪于天，无所祷也。"（《论语·八佾》）不是的，一个人得罪了天，就没有地方可以献上祷告了。孔子对于鬼神不谄媚，因为鬼神是我们的祖先，将来我们也会变成鬼神，真正信仰的对象只有"天"，天就是古代经典中的上帝。

杀身成仁与朝闻夕死

有关死亡的问题，孔子说："民之于仁也，甚于水火。水火，吾见蹈而死者矣，未见蹈仁而死者也。"（《论语·卫灵公》）百姓需要走上人生正途，胜过需要水与火。我见过有人为了水火而牺牲生命，却不曾见过有人为了走上人生正途而死。走上人生正途是人活着的目的，本末不可倒置。孔子感叹人们只知谋生，却忽略了谋生的目的，不能做到"杀身以成仁"。孔子说："志士仁人，无求生以害仁，有杀身以成仁。"有志之士与行仁之人，不会为了活命而背弃人生理想，却肯牺牲生命来成全人生理想。死亡这一关，只要是成熟而认真的人，终究都要面对的。

哲学家是不怕死的，西方最有名的是苏格拉底。苏格拉底被人诬告，接受审判，最后被判死刑。当时他已经七十岁了，也多活不了几年，但是那些人就是非要害他不可。苏格拉底被带到雅典露天的大剧场接受审判，其实他只要放低姿态，说几句好话，人家说不定就能放他一马，但是他的态度却相当强硬，说："我没有错，你们今天审判我，将来历史会审判你们。"五百个法官在台上，苏格拉底一个人在台下，这是历史上重要的一幕。最后集体投票，二百八十票对二百二十票，判他有罪。雅典很民主，被判有罪的人可以自己提一种惩罚，譬如放逐。苏格拉底说，如果要惩罚他，只能把他关在国家英雄馆里，不让他上街跟别人说话，就是最大的惩罚了，因为苏格拉底最大的乐趣就是每天上街跟别人聊天。五百个法官再投票，以更大的差距判他死刑。死刑确定之后，正好碰到雅典的圣船仪式，三十天之内不能杀人，所以苏格拉底在监狱住了三十天。他不是没有逃狱的机会，只要花一点钱买通狱卒，更别说别人都把钱准备好了，但他就是不走。每天都有学生来看他，向他请教人生问题，但最后都是哭着离开。他说："又不是你们要死，何必哭呢？"他的态度非常潇洒。

苏格拉底说，死亡只有两种情况：第一，死亡是无梦的安眠，睡觉没做梦，那真是太舒服了；第二，死亡之后如果还有灵魂存在，就能摆脱身体的限制，得以同历代以来理想相近的人在一起。苏格拉底说他死了之后，灵魂摆脱身体的束缚，就可以自由地向希腊先贤请教了，所以他根本不在意。

历史上关于死亡最重要的两个画面，其中之一是苏格拉底坐在一个石床上，衣服已经褪到了腰际，他最后饮了毒酒，还问狱卒脚开始麻了正不正常。麻到小腿，到大腿，到肚子，快到心脏了，这都顺利吧？他死前的最后一句话是对克利多说的："不要忘记，我还欠医神阿斯克勒皮俄斯一只鸡。"然后与世长辞。古希腊人有这样的习俗，生病了会向医神许愿，待病好了，会献上一只鸡。苏格拉底明明是要死了，却说他欠医神一只鸡，代表他认为死亡就是痊愈，活着反倒是有病。第二个画面当然是耶稣了。耶稣活了三十三岁，虽然被钉在十字架上，但他非常自在，因为他知道自己的命运，这样的画面也给很多人不同的感受。那么，孔子会怕死吗？当然不会，杀身成仁，多么坦荡。"人生自古谁无死，留取丹心照汗青"（《过零丁洋》），用我光明磊落的行为照亮整个历史，这正是儒家思想的一种表现。

死亡是什么呢？第一，死亡是自然的现象，只要是自然的现象，就不必有情绪。我有一位老朋友担任大专校长二十五年，他说："我虽然一辈子当老师、当校长，还是害怕死亡，你念哲学，能不能给我一些建议？"我说："你真的不要害怕死亡，如果不死才要害怕，怎么别人都死了，只有我没死？变成妖怪了。"他听了之后，觉得也有道理。生命总有结束的时候，何必为了活着而不择手段呢？反正到最后都会结束。

第二，死亡应该让你完成生命的目的，这才重要。生命不是结束就算了，它是有目的的，叫作杀身成仁。如果没有掌握这个目的，白白死了，那真可惜。孔子曾经提到两个人，一个是齐国在位最久的国君齐景公。他有一个宰相很有名，叫作晏婴，又称晏子。孔子年轻的时候到过齐国，齐景公本来想用孔子，但孔子是鲁国人，于是齐景公对孔子说："我已经老了，无法重用你。"孔子后来说："像齐景公这样，死后留下四千匹马，拥有很多的财富，但是老百姓却想不出他的优点。"这样的人生有什么意义呢？反观伯夷、叔齐，甚或周文王的哥哥泰伯，才是真正了不起，泰伯知道将来侄子会复兴周朝，就把自己的位置让给弟弟，死的时候老百姓也是不知道该怎么称赞，因为德行太完美了。对于死亡，我们要将它理解为人生的目的，这一生成就了什么伟大的善行，让生命发光发热，才是不虚此生。

有人认为，这些好像都是对人生的反省，还是无法说出深刻的道理。我最近几年才体验到孔子思想的精彩。"子曰：
'朝闻道，夕死可矣。'"（《论语·里仁》）这句话很短，
很难理解孔子的深意。早上听懂了人生的道理，晚上死了也
无妨。《朱子语类》中，学生请教朱熹，难道依照孔子的说法，
"道"不用实现吗？朱熹说，当然要实现，最好再多活一点
时间，把这个道加以实现，会比较心安。也就是说，万一真
的要死只好认了，但如果有机会，还是要多活几年，把道加
以实现。

其实，人活在世上，有关生命的觉悟，不在乎你做了几
件善事，而在乎你是否真的觉悟。做几件善事是"量"的问
题，牵涉到很多相关的条件。譬如，经济条件好，我可以多
做几件善事；生活在很多穷人的地方，可以帮助多一些人。
但是否真的觉悟，则是"质"的问题。孔子重视的当然是质，
朝与夕代表当天就结束。

我们再拿《圣经·新约》里有关耶稣死亡的那一段来对
照。耶稣被钉在十字架上，而左右两侧各有一个强盗也像他
一样被钉在十字架上，这两个强盗杀人放火，罪有应得，但
是耶稣从来没有做过任何坏事，他为什么要被钉在中间？这
是犹太人故意要羞辱耶稣。他们认为耶稣能收服人心。犹太

人认为政治犯或思想犯甚至宗教犯，才是最可怕的。左右两边的强盗心里想，当了一辈子江洋大盗，怎么会挂在耶稣旁边呢？左边的强盗故意出言挑衅："听说你是上帝的儿子，那就显现一下神迹吧，让我们从十字架上下来，你当老大，我们去闯天下。"右边的强盗就骂左边的强盗："我们一辈子杀人放火，被钉死是应该的，但是我从来没有听说耶稣做过任何坏事，所以他一定是被冤枉的。"接着，他对耶稣说："主啊，如果你真是神的话，能不能原谅我的罪？"耶稣说："你今天晚上就升天堂。"

我小时候读《圣经》的这段故事，觉得右边的强盗真是赚到了，一辈子杀人放火，临死之前觉悟，说对了一句话，就能够上天堂。宗教不在乎你做几件好事，而在乎你是否真的觉悟。了解基督宗教这么重要的一段资料，就知道孔子在说什么。千万别小看孔子，所有宗教达到的最高、最神秘的境界，儒家都可以说得透彻，只是一般人不愿意多想这个题材而已。

佛教也一样，我对佛教没有什么研究，但是"放下屠刀，立地成佛"这八个字却常听到，放下屠刀的那一刹那，觉悟了就能成佛。事实上，放下屠刀的人很多，但他们都能立地成佛吗？不一定，必须要有所觉悟才行。佛教也说，一念觉即成菩萨，人一旦觉悟，此心转向光明，生命就能完全改变。

孔子说，早上听懂了人生的道，就算当晚要死也无妨，这同世界上两大宗教——佛教与基督教所达到的生命体验相同。英国一位学者说："如果不曾离开英国，就不可能了解什么是英国。"因为一辈子住在英国，不知道特色何在，一旦离开英国到别的国家，才有相互对照的素材，进而才能了解英国有什么特殊的风俗习惯。学习也是一样，如果只是关起门来研读儒家经典，无法发现它有什么特别精彩之处，但是若能对照参考西方或其他文化的资料，便能体悟儒家的卓越之处。以孔子来说，他奉行传统的礼仪，对丧礼很在行，虔诚为之；对祭礼，他也很清楚古人所信的鬼神是怎么回事。

我在比利时、荷兰都教过书，外国学者研究中国的学问，谈到鬼神的时候，一定会引用两段话，一段出于《中庸》第十六章：鬼神的功能很特别，当你斋戒几天之后要祭祀的时候，感觉到"洋洋乎！如在其上，如在其左右"。鬼神的力量好像充满了整个房间，一下在我头顶上，一下在我左右。因为人在祭祀的时候，心思虔诚，想着祖先，思念久了之后，就会感觉祖先在我们的上方，在我们身边。鬼神使天下人穿上整齐的服装，好好地奉行祭祀，让人的生命有庄严肃穆的一面。每年冬至的时候，鲁国会举行郊祭大典，祭天、祭地，众人穿上整齐的服装，庄严肃穆，行礼如仪，依序前进，孔子看了感到非常欣慕，认为这才是人的生命的卓越表现，而非只有本能的需求。

《礼记·祭义》提到，斋戒几天之后进了房间，好像还听得到祖先的声音。父母过世了，儿女祭拜父母亲时，心里面当然会想着他们，所以进了房间之后，好像听到父母亲在叹气，好像闻到父母亲平常所用的东西发出的味道，好像感觉到父母亲就在身旁。它就是制造一种情景，让你可以心神专注，等于是跟鬼神的世界沟通，让你想起父母在的时候，你是如何敬爱他们的。经过祭祀以后，生命得以内敛、得以凝聚，也才会懂得珍惜自己的生命，不让祖先丢脸，不让子孙为难，生命就有源有本了。

将儒家对死亡的看法，从丧礼到祭礼，到鬼神，再到孔子对于天的信仰，整个连贯起来，就构成儒家的宗教观。孔子不是宗教家，但是他有个人的宗教情怀，我们从"子之所慎：齐、战、疾"就能一窥究竟。

人的生命从何而来，没有人知道，但人有思考能力，要对生命做完整的反省，像孔子这样伟大的思想家，就了解得很透彻。从传统一步步走向未来，生命源远流长，这是我们对儒家最肯定、最佩服的地方。如果只谈活在世界上怎么孝顺、怎么忠于长官、怎么友爱、怎么讲信用，这些每个人都会说，探究这些伦理学，探讨如何与人相处的学说很多，但是谈到有关生命最根本的关怀的，却很少见。宗教家一定会谈论，而哲学家也会加以探讨。哲学爱好智慧，所以要探求究竟真实，设法建构圆满的系统。

第二讲：信仰的真谛

孔子思想最特别之处是他的信仰。一个人应不应该有信仰？或者一个人的信仰应该是什么样的？我们就以孔子所留下的材料作为线索来做说明。

哲学家的任务是要做到澄清概念、设定判准、建构系统。在建构系统时，会面临一个重要的问题，值得我们深思：人生在世短短几十年，从前没有我，几十年之后也没有我，到底我这个生命是怎么一回事呢？多少人来来去去，似乎没有特殊的成就留在世界上。既然如此，怎能忽视信仰呢？

西方人向来关注信仰的问题。先简单归纳一下，为什么一个人会相信有神或佛的境界？对于神的概念，要设法理解它也包括像佛教的涅槃境界，那是圆满的永恒，和其他宗教所谓的天堂有雷同之处。

古代中国人也是有信仰的，但是他们到底相信什么？商朝的皇帝一年之内有一百一十二天要去祖庙祭拜，等于几乎每三天就要向祖先报告事情，表示帝王重视生命的来源。因此有人批评商朝太重视鬼神，反而忽略了人。周朝的时候，人文精神崛起，比较重视人类当下的生命需求。周朝相信天命，认为天命从商王转到了周王。这些材料在《诗经》《尚书》中一再出现。周朝为什么用武力取代商朝，却把理由归于"天命"？因为老百姓相信天，所以"天"这个概念在古代是很特别的。

信天：获罪于天，无所祷也

我们很熟悉"天生烝民"（《诗经·大雅·荡》）这四个字。烝民是众多百姓，上天生下众多百姓。每一个人都是父母生的，但父母也有他们的父母，一直往前追溯，总不能说人是猴子变的吧？演化论实在强人所难，连达尔文也说有一个失落的环节不能证明。如果人真是猴子变的，那每隔几万年非洲与南美洲丛林里面，就会有一批猴子变成人，那可麻烦了。说到最后，有一个"天"作为人类生命的来源，这样就把问题先简化搁置了。另外也有"天作高山"（《诗经·周颂》），高山是人所看到最宏伟的地形，这四个字就代表天创造了自然界。对古人来说，只要有天作为根据就放心了。天造了自然界，有春夏秋冬的季节更替，亦即自然规则；天创造了人类，希望人类能够行善避恶。所以，天的规则称为天道，天道福善祸淫，行善会有好的报应，行恶会有坏的报应。为什么要强调这一点？如果人类的生命来自天，人类应该如何做人处事、这一生的目的何在，也同样要推到天。天必须指导我，让我知道这一生该怎么做。"天佑下民，作之君，作之师。惟其克相上帝，宠绥四方。"（《尚书·泰誓》）上天生下老百姓，立了国君，立了老师，就是希望国君与老师帮助上帝照顾四方的百姓。这句话很有代表性，人类活在世界上，无论知或不知、信或不信，生命总是有一个最初的来源及最后的归属。

古人相信人的一生就像旅行，但不该白白走过。有了这种信念才能安定下来，创造发展人类文化，尽量让每一个人都有机会展现天赋的潜能，成为一个君子，这是儒家的理想。

到了孔子的时候，这样的信仰已经渐渐模糊了，因为天子的德行很差。我们平常讲圣王尧、舜、禹、汤，但夏朝最后有夏桀，商朝最后有商纣，都坏得不得了。周朝到孔子的时代，西周也结束了，幽王、厉王都不好。往往在开国的时候，那些国君能够做到天的要求，戒慎恐惧，尽忠职守，而后权力使人腐化，"作福作威玉食"（《尚书·洪范》），玉食就是锦衣玉食。老百姓苦得不得了，所以开始抱怨天。《诗经》提到"视天梦梦"，那个天就像做梦一样，怎么没看到坏人这么猖獗，好人这么委屈呢？就是因为人民相信天会赏善罚恶，才会如此抱怨天。

古人信天，帝王称为"天子"，具有双重意义：第一，天是人间政权的基础；第二，天子代表天。古代帝王喜欢说"予一人"，代表天与老百姓之间，就是我一个人担任代理。要做什么事呢？好的帝王会说："朕躬有罪，无以万方；万方有罪，罪在朕躬。"（《论语·尧曰》）我本人如果有罪，请不要责怪天下人；天下人如果有罪，都由我一个人承担。坏的帝王则是我一个人享福，天下人都来侍奉我，这样的治理方式当然会产生问题。即使如此，如果请教孔子相信什么，他还是会很清楚地说他相信天。卫国两派在争斗的时候，卫国大夫想拉拢孔子，"与其媚于奥，宁媚于竈"，孔子说："不然，获罪于天，无所祷也。"（《论语·八佾》）代表孔子肯定对天祷告是正确的，对鬼神祷告却不太适当，鬼神是人类的祖先，难免会有偏心，天则是至高无上的，完全公平。然而孔子的学生们未必了解这些，以下举几个例子。

子路和孔子的对话，有两次谈到了天，一次是"子见南子，子路不说"，孔子发誓："我所做的如果是不对，让上天来厌弃我吧，让上天来讨厌我吧。"子路不一定明白这话，他只知道孔子是相信天的。

《论语》有两次孔子生病的记载。孔子在鲁国担任过大夫，后来退休了，所以没有资格组织治丧委员会。有一次，子路看到孔子病得很严重，加上他认为孔子很伟大，便号召其他学生组成治丧委员会准备替孔子办后事。"子疾病，子路使门人为臣。病间，曰：'久矣哉，由之行诈也！无臣而为有臣。吾谁欺？欺天乎？'"（《论语·子罕》）结果孔子病情转好，责怪子路，还说自己要欺骗谁呢？从孔子对子路说的"天厌之""吾谁欺？欺天乎？"这两句话来看，就知道"天"绝对不是一般自然界的天空，而是古代所信仰的天。天可以讨厌你这个人，并且你别想欺骗它。

还有一次，孔子病得很重，子路请示要做祷告。子疾病，子路请祷。子曰："有诸？"子路曰："有之。《讄》曰：'祷尔于上下神祇。'"子曰："丘之祷久矣。"（《论语·述而》）看来孔子没有教过学生在生病时要祷告，孔子自己生病时也不会祷告，所以他问有这种事吗？子路说有啊，古代的经典有提到，"祷尔于上下神祇"，就是"我为您向上下神祇祷告"。古时候讲天神、地祇、人鬼三种，都是超越人间的灵异世界。孔子则回说："如果是这样的话，我的祷告已经很久了。"可见孔子只向天祷告，所以子路为他向天神、地祇来祷告，那不是他要祷告的对象。

另外，平常就要同鬼神保持好的关系。我们知道孔子很虔诚，他和鬼神一直保持良好的关系。孔子最慎重的事是"斋"（《论语·述而》），对于祭祀极为虔诚（《论语·八佾》），平日饮食每饭必"祭"（《论语·乡党》），虽然是粗糙的饭与菜汤，也一定要祭拜之后再吃，态度一定恭敬而虔诚。古人每次用饭时，会取出一点食物，放于食器之间，祭最初发明熟食的人，表示不忘本，这也是祷告的一种方式。

从生活细节可以看出孔子的宗教信仰。孔子不是宗教家，从来不向人传教，也没有教学生如何祷告。西方学者认为中国有三大宗教，儒教、道教、佛教。他们的依据是：国家借着儒家能产生宗教的效果，很多官员把天子当作天一样，皇帝再怎么糊涂，也认为是天命难违。人总是要问自己有没有一个绝对的信念，如果没有，生命变成相对的，没有一定的原则，所以宁可把天子当成信仰的对象。

我们分辨宗教必须具备五个条件：第一，教义，即真理，直接说出一些理性不能解答的问题。譬如，人为什么要活在世界上？宗教可以立刻给出答案，佛教说是前世的"业"还没有消除，要积功德，基督教则认为要崇拜神，拯救自己的灵魂。但是这个问题，哲学家思考了一辈子，也找不到合理答案。

第二，仪式。宗教必有仪式，庄严神圣，并且会有相对应的神话，两者互相配合。这么做有两种用意，一是通过神话让人们相信，二是借由仪式把过去发生的事再次重现。基督徒每年都要过圣诞节、复活节，佛教徒也有浴佛节和各种斋戒。宗教仪式与神话配合，让人活在世上能有勇气往前走。从小到大各种偏差的言行会形成罪恶的锁链，把人捆得紧紧的，很难喘息，宗教便利用赎罪仪式，定期为人赦免，让人能够重新开始。每一个人都有重新做人的愿望，宗教就提供这样的机会。所以，教徒始终存着希望，因为可以回复纯洁的状态。不管一个人几岁，只要经过仪式洗礼，就像纯真的小孩一样，可以重新开始。

第三，戒律。宗教一定有戒律，要严格遵守。这个戒律不只注意外在的言行，还要直接进入动机与意念之中。起心动念，都要掌握。法律是规范行为的，有念头但没有做出来，不算违法。但是在宗教里面，一旦有了念头，就已经犯了戒律。所以，信仰宗教所产生的严格压力，是一般人难以想象的。

第四，宗教一定有其团体。有信仰之人需要长期训练，才能成为僧侣阶级或是牧师、神父这样的团体。为了传教，他们必须懂得教义，能够举行仪式，执行戒律以维持宗教的发展。

第五，学理。一个宗教要把道理说清楚，在传教时不能光靠教义，还要用一般的语言向大众推广。

宗教具备以上五个条件，前面三项特别重要。儒家不是宗教，因为没有仪式，并且儒家不谈生前死后，只能说是对生命意义的觉悟，"朝闻道，夕死可矣"，但无法解释死后是什么情况。每年举办一次的祭孔典礼，固然是盛大的活动，若是宗教，怎么可能一年才举行一次仪式呢？基督徒每周一次，佛教徒初一、十五每月两次，如果是伊斯兰教徒就更严格了，一生至少要去麦加朝圣一次，平常每天要面向麦加跪下来祷告五次。但是儒家没有这样的仪式。

儒家不是宗教，但确实带有宗教色彩，彰显了宗教情操。学习儒家思想，会感觉生命永远有一种奋发向上的动力。人性向善，"向"这个字就是生命动力的来源。若能透彻了解儒家的哲学，这种宗教情操就可以得到解释。但不可说人性本善，若天生就是善的，就没有向上提升超越的必要了。

另外，有这种宗教情操之后的行为表现，也能追求无私、至善，这与教徒的慈悲和博爱是类似的。孔子的志向与其他宗教家的理想类似，属于同一个层次。儒家不是宗教，但是有宗教情操，也有类似宗教信仰的效果。孔子本人是相信天的，但并未想去创造一个宗教。

知天命，畏天命，顺天命

孔子说自己"三十而立，四十而不惑，五十而知天命"（《论语·为政》）。孔子在五十岁前后，生命发生了重大的变化。他五十一岁出来做官，不是为了得到权力与富贵，而是他知道天命所在。天命包括两个要点。第一，了解命运。命运是无奈的、盲目的、不可预测的，也称为遭遇，不是人可以自行选择的。第二，领悟使命。使命是主动的，能够自行选择，认定一个目标，努力去做，使生命出现希望。孔子五十而知天命，表示他兼顾了命运和使命。也有人说，孔子五十岁的时候学会了《易经》，知道怎么占卦。这也可以说得通，因为占卦之后，就知道自己可能遇到什么情况，但是这不会妨碍他去实践使命。

我在解读时，主张要把孔子"六十而耳顺"的"耳"字去掉。我总是想尽办法不要更改《论语》中的任何一个字，毕竟这是非常严肃的事情，但是这个字非改不可。为什么？第一，《论语》里"耳"字出现四次，有两次都当语气助词用。像孔子同子游开玩笑，说他在武城听到弦歌之声，是割鸡焉用牛刀，他说"前言戏之耳"。另一次也跟子游有关，子游当县长，孔子说"女得人焉耳乎"（《论语·雍也》），你找到什么人才了吗？"耳"这个字当作语气助词使用。"师挚之始，《关雎》之乱，洋洋乎！盈耳哉。"（《论语·泰伯》）

演奏这首乐曲的时候，耳朵里面充满了音乐，这里的"耳"才能解释为耳朵。如果"六十而耳顺"当耳朵的话，找不到相关的说明，无法理解"耳顺"是什么意思。孔子之后的《孟子》《荀子》《中庸》《大学》到《易传》，都是先秦著作，当然有的是在秦汉之际才编成的，但没有任何一个地方提到耳顺，这不是很值得怀疑吗？耳顺是孔子六十岁的境界，怎么可以不提呢？孟子不提耳顺，他说"顺天者存"（《孟子·离娄上》）；《易传》说得更清楚，顺天命，没有任何地方提到耳朵怎么样了。

孔子从五十五岁到六十八岁，周游列国，在各国间游走，会酸的是腿，跟耳朵有什么关系呢？所以，"六十而顺"是顺天命。五十而知天命，六十就要顺天命。

在《论语·季氏》中，孔子说：君子有三畏。三种敬畏的对象，第一，畏天命，敬畏天命；第二，畏大人，尊重政治领袖；第三，畏圣人之言，圣人说的话我们要敬畏，好好地来学习实践。孔子接着说："小人不知天命而不畏也。"小人不知天命，就不会敬畏天命，因此孔子说"五十而知天命"，表示他敬畏天命。天命就是天的命令。知道天的命令，敬畏天的命令，接着就要顺从天的命令。就是因为顺从天的命令，孔子周游列国的时候，碰到危险也不在乎。

仪地负责守疆界的封人对孔子的学生说，有名望的君子经过这里，我都会同他谈一谈，所以请你们安排我跟你们老师孔子会面。谈完之后，仪封人居然对孔子的学生说："天下之无道也久矣，天将以夫子为木铎。"（《论语·八佾》）木铎是木舌铜铃，敲起来的声音比较低沉，代表要宣传教化。上天要以你们老师作为教化百姓的木铎。从这一段话可以看到"天"的概念出来了。孔子六十而顺天命，无论他到哪里，别人会说是天要让你们老师当教化百姓的一个工具。周游列国期间，孔子两次差点被杀，他都把天抬出来，正因为他在顺天命。这样的说法比较合理，也就是说"六十而顺"，如果要坚持有一个耳朵，那么从来没有人讲得清楚这个耳朵是怎么回事。

朱熹是一位了不起的学者，念了很多书，但是他有些异想天开，把孔子讲得太完美了，好像他是与众不同的超人。朱熹说，耳顺就是"声入心通，无所违逆，知之之至，不思而得也"。他说孔子到六十岁的时候，听到声音，心里就能有所了解，没有任何违逆。但这不是乡愿吗？这怎么会是孔子呢？这跟他六十岁有什么关系呢？"不思而得"是《中庸》

用来描写圣人的，孔子是圣人吗？当然是，但他不认为自己是圣人。他曾经公开说过："若圣与仁，则吾岂敢？"（《论语·述而》）孔子讲得很实在，对自己也很了解。我有一位美国朋友，是研究儒家的权威，他坚持要有一个"耳"字。理由是圣人的"圣（聖）"，是耳、口、王的组合，代表圣人听觉特别敏锐，一听就懂。人常用的两种感官，一是眼睛，二是耳朵。虽然我们说"眼见为凭"，但是视觉的范围有限，所以，一个人要有丰富的知识与深刻的智慧，一定要用耳朵。听了很多稀奇古怪的事情，就要判断真假，眼睛有时候还会看错，比如将筷子放入水中看起来是弯的。"圣"原是指聪明，后来才变成完美德行。但这种说法正好不是孔子的意思，孔子不会暗示大家，他到六十岁就是圣人了。

　　关键在于五十而知天命，接着就要敬畏天命，然后就要顺天命。孟子讲"顺天者存，逆天者亡"，到《易传》直接说"顺天命"三个字。我们注意到孔子之后的这些先秦儒家经典，并没有提到耳朵顺不顺，但却多次提起顺天命，为什么？因为孔子讲六十而顺，是顺天命，他在周游列国时的言行表现，正好可以证明，这就是孔子信仰之具体的表现。

　　孔子说自己"十有五而志于学，三十而立，四十而不惑，

五十而知天命，六十而耳顺，七十而从心所欲不逾矩"，每
一句话都有一个动词作为关键。"志"、"立"、不"惑"、
"知"天命，不"逾"矩，都是动词，那么，六十而耳顺应
该说成六十而顺耳吧，对不对？想通之后，对于孔子的表现
就比较容易理解了。

尊重民间信仰

　　孔子尊重民间的宗教信仰。《论语·乡党》中说："乡
人傩，朝服而立于阼阶。""傩"这个字，就是乡下老百姓
每年在固定的季节举行驱鬼的仪式。人们穿上各种特殊的服
装，敲锣打鼓，游走街头。孔子是知识分子，但不会嘲笑和
批评这样的行为，而是表示尊重，他穿上朝廷正式的服装，
站在家里东边的台阶上向他们致意。古代的房子坐北朝南，
台阶在东西两侧，站在东阶，表示自己是主人，客人则由西
阶进出，所以往往称客人为"西宾"。主人之外，只有国君
走东边的台阶，因为全国都是属于他的。孔子态度严肃，因

为信仰要看机缘，要看是否受感动，即使自认为所信的是名门正派，也无权批判其他的宗教是邪教。只要是正派宗教，都值得尊重。一个人有宗教信仰，自然敬畏鬼神，懂得收敛自己，人间光靠法律是不够的，只能维持表面的秩序。

欧美社会，人们在法庭上做证时，都会手按《圣经》，发誓所言都是真话，这前提是当事人要信仰《圣经》，如果不信，那有什么用呢？西方社会假定大家都是信上帝的，美元纸币上也印有"in God we trust"，但是钱与上帝根本风马牛不相及，并且信仰上帝的人不太在乎钱，而爱钱的人都不太信上帝。不过把这两者凑在一起，反映了美国人的特色。

这样的方式用于中国不一定行得通，因为上帝并不是一般中国人的信仰，说不定还有人认为，反正又不相信上帝，就算手按《圣经》，说假话也没关系吧？于是蒋梦麟在《西潮》一书中提到，中国人是由同宗的长老像法官一样来进行审判，双方进入祖先的祠堂，面对祖先的牌位，这时候就要说真话了。因为我们敬畏祖先，有如西方人敬畏《圣经》与上帝。如果只看法律条文，一定是各说各话，很难找出客观公正的结果，但是有宗教力量当作凭借，人就必须诚实，不能欺骗鬼神。一个人有了信仰，约束力就增加了。但也不能完全靠信仰，基本上还是需要人文教化。所以，儒家作为一个长远的传统，并不提倡要信仰宗教，但也不反对如此，因为它是一种人文主义，强调生死之间的真诚，又能把人类自然发展出来的祖先崇拜，和人类对天的信仰结合起来，使生命可以得到安顿。

有些人虽有信仰，但可能变成迷信，到处求神拜佛，希望得到神佛的保佑。这是一般人的心态，稍加严格检验，就知道行不通。如果祭拜鬼神献上丰盛的祭品，鬼神就会接受的话，那代表鬼神也是贪财的。如果一个坏人不做好事，光是献上丰盛的祭品，鬼神若是因此而上当，那代表鬼神也不够聪明。古人相信什么？古人相信鬼神是很聪明的。

司马迁的《史记》用八个字形容尧，"其仁如天，其知如神"。他的仁德像天一样，天是没有不覆盖、不照顾的。他的智慧像神一样，因为鬼神不像我们有身体，身体会蒙蔽我们，本能会使我们看不清真相，而神没有身体，无所不在，所以最聪明。在春秋时代，两个国家缔结盟约的时候，最后都会加一句"明神鉴之"，让明智的神来做见证。只要违背这个契约，神会知道的，会来主持正义。这些都反映了古人的信仰。

　　究竟有没有超越界的存在？这里提出三个理由来说明我们的肯定。第一，充足理由原理。任何东西如果没有充分的理由，就不会存在。有种子才能长成树苗，再加上阳光、空气、水的滋养，如果没有这些充足的理由，不可能长成大树。又如，人因为有父母亲，所以才会存在。宇宙中，任何东西的存在都需要有个理由，用哲学的角度说，就是充足理由原理。这么一来，会衍生出另一个问题，宇宙凭什么存在？有两种可能，其一，它自己存在。如果宇宙自己存在，宇宙就是神了，然而宇宙一直在变化之中，不可能自己存在。古人不一定懂这个道理，他看到变化，知道这代表有些地方不断在调整，也就不是圆满的东西，因为真正圆满的东西没有任何变化。事实上，自然科学家已经告诉我们了，宇宙的出现是由于一百四十亿年前的大爆炸，也有一说是黑洞，然后才出现了宇宙，然后再经七十亿到八十亿年，宇宙会归于寂灭。可见，宇宙有开始也有结束，那么它的充足理由在哪里？它不可能莫名其妙地就出现。其二，也有人主张宇宙是偶然出现的。从这里再延伸出另一个问题，人类是怎么出现的呢？你愿意接受人的一生是偶然的吗？若是接受这样的说法，就不要想这么复杂的问题，反正一切皆是偶然。人类有理性，无法接受这样的说法，而会要求任何东西都要有充分理由才能存在，所以应该有一个超越界，使得这个宇宙可以存在。

第二，要解决或解释人生三大悲剧"痛苦、罪恶、死亡"，就需要有一个超越界。谁能说明人生为什么会有痛苦？痛苦是提醒我们需要改变，是为了敦促我们不断修炼。谁能说明人间为什么有罪恶？罪恶警惕我们，人是软弱的，要宽待别人，也要谨守规范。最后，死亡是人的归宿吗？这一生如果没有找到一个解释，怎么能安心呢？所以，为了解释三大悲剧，需要有一个超越界，有人把它称作神，有人把它称作涅槃。

第三，每一个人在一生中迟早都会出现一种情况，在西方叫作绝对的依赖感受。平常我们只有相对的依赖，譬如，出门吃饭要依赖钱，这是相对的。钱可多可少，用完了再努力去工作，这是相对的依赖。我们都需要朋友，但是真的没有朋友的话，仍旧要努力活下去，这一切都是相对的依赖。但是某些时刻人会扪心自问，我的生命到底是怎么回事？有没有绝对的力量可以让我依赖？这种感受一旦出现，只有超越界可以提供答案。

这三点是西方宗教哲学的基本共识。人活在世界上，为什么要谈到"天"呢？介绍道家的时候，我们要问，为什么要讲一个"道"呢？讲了道之后又说"道可道，非常道"，反而弄得更复杂了。我们不要以为这些思想家是没事找事，儒家的天、道家的道，都代表了超越界，和西方所说的存有本身，或基督宗教的上帝、印度教的梵天，以及佛教的涅槃，都表现类似的功能和特色。

第三讲：完美的生命

我们介绍孔子的思想，从《论语》找到主要的材料加以整合与说明，可以清楚看到其展现了一个完整的生命，有身、有心、有灵。人活在世界上当然希望能做点事，究竟要怎么做才能产生最好的效果，对自己和他人都有所帮助呢？孔子曾说"君子疾没世而名不称焉"（《论语·卫灵公》）。君子引以为憾的是，临死时，没有好名声让人称述。这是很合理的想法，却可能引起别人的误解。有些研究孔子的日本学者认为儒家是好名主义。庄子也批评一般人喜欢利益，而儒家则是好名。

什么叫好名呢？做好事，照顾百姓，留下好的名声，最后刻几个石碑纪念。庄子认为好利与好名没有什么差别，都是牺牲真实的生命去迎合外界的要求。活着时得到的东西，死了之后能带走吗？晋朝张翰有一天见秋风起，想到故乡吴郡的菰菜、莼羹、鲈鱼脍，说："人生贵得适志，何能羁宦数千里，以要名爵乎？"于是弃官而去，有人劝他不要只顾及一时的快乐，要好好做一番事业，将来留个好名声。他说："使我有身后名，不如及时一杯酒。"（《世说新语·任诞》）我们也知道这个地球上曾经存在的人超过一千亿，一代一代下来，有几个人的名字被记得呢？对已死的人来说，又有什么意义呢？现在活着的是七十亿，名声从何说起？

对己要约，对人要恕，对物要俭，对神要敬

孔子除了说"君子疾没世而名不称焉"之外，还讲过一句话："君子去仁，恶乎成名？"（《论语·里仁》）君子如果离开人生正途，凭什么成就他的名声？孔子说君子要成名，应以行仁而成名。行仁是孔子的核心观念，从人性向善，到择善固执，最后止于至善。生命能够环绕着仁而展开，等于是把万物之一的平凡生命中属于人的"灵"的部分完全实

现出来，永垂不朽。有关这方面的论证，《论语》较少，《孟子》就很丰富。孟子说的"浩然之气"是"至大至刚，以直养而无害，则塞于天地之间"（《孟子·公孙丑》）。最盛大也最刚强，以真诚培养而不加妨碍，它就会充满在天地之间。渺小的人所培养的浩然之气，能够充满在天地之间，这是幻想吗？人本来就有人格，选择某种信念，坚持某种原则，长期实现下去，久而久之，生命就有它的力量。

英国哲学家怀德海（Alfred North Whitehead，1861—1947）说"教育就是风格的培养"。风格表示言行有一个标准，久而久之，别人看一件事是怎么做的，就知道那是谁的风格。我们常听到"领导风格"一词，当领袖有什么风格？人总会坚持某些原则，没有坚持就没有人格，没有坚持就没有风格。坚持是要付出代价的，很辛苦。所以，孔子说君子离开仁（人生的正路），凭什么成名呢？这样一来就不能说孔子光想成名了。

儒家作为一派哲学，历经两千多年，能够带给我们什么启发呢？简单来说，它带给我们一套完整的价值观。人类是唯一可以使用"价值"这个词的生物，除了人类之外，其他生物只是活着而已，与价值无关。这种说法并没有贬低别的生物的意思，生物只有两种本能，第一是生存，第二是繁殖。即使是一只狮子，森林之王，再怎么威武，也脱离不了生存和繁殖，并且到一定时候就会被淘汰。其他还有什么生物有选择的可能呢？价值来自选择，选择需要主体。只有人类有价值，意思就是说只有人类可以思考、选择、判断、付诸行动，进而构成一种特殊的生命主体，是我在选择，所以就构成了我的价值。如果我选的都是不对的，一路累积下来，我的生命不但没有价值，还有负价值，就变成恶人了。

怎么分辨善恶呢？确实很难。西方哲学不愿对善恶下定义，而是强调善不能定义。他们说善是恶的反面，恶是善的反面。有个简单的方法，我觉得很可取。英文单词 live 代表活着，可是把字母排列顺序前后颠倒后，就变成了 evil——邪恶。凡是压制生命、消灭生命的，就是邪恶。换句话说，邪恶就是让生命活不下去，让一个人活着没有希望。所以，你做的事情让别人受不了，让别人活得没有乐趣，甚至把别人给杀了，这是邪恶。现在我对一个人说："你活着也没有什么希望。"那么我就是邪恶，因为我不给他希望。教书的时候，一定要让学生充满希望，否则老师就有邪恶的嫌疑。

把别人的钱拿走，这是邪恶，因为让人减少希望，更别说是夺取别人的性命。因此，所有的法律都反对杀人，反对说谎，反对欺骗，是因为这都是对生命的压制和迫害。孔子是反对自杀的，儒家的价值观不但让你活下去，还能让你活得有方向、有动力、有尊严。这样的价值观一定构成一个阶梯式的、往上发展的系统。我们把它统合归纳起来，用三个阶段六个层次来说明。

第一，自我中心阶段；第二，人我互动阶段；第三，超越自我阶段。这三个阶段都与自我有关，代表价值不能离开行动的主体。没有人作为主体，事情就没有所谓的好与坏。美也是一种价值，说一朵花很美，就要问是谁说的，是谁在欣赏？如果没有人在欣赏，美与丑就不能成立。一只蚊子飞到一朵花上，它只是觉得可以在这里稍作休息，并不是觉得这朵花很美。真善美这些价值，只有对人类才有效，对其他生物没有这样的问题。儒家的价值观在每一个阶级都有两个层次。在自我中心阶段有生存及发展，在人我互动阶段有礼法（礼仪与法律）与情义（有情有义），在超越自我阶段有无私与至善（止于至善）。你把这三个阶段六个层次的价值观先列出来，就知道人的一生要怎么走，一步一步往上，有其顺序。

自我中心阶段属于人类的本能。人就算没有受过教育，也知道要努力求生存，然后想尽办法争取资源，亦即发展。人在受教育之后，才知道在发展的时候不能不择手段，而要依照法律、礼仪而为。儒家反对自杀，因为生存是第一种价值，是必要的。人总要活着，才有希望成长。孔子称赞管仲，不像匹夫匹妇在山沟里面自杀。许多人批评管仲，但齐国内乱的时候，彼此是敌对的关系，一旦平定下来之后，大家都是齐国人。如果在竞争的时候是对立的，稳定之后继续对立，非要你死我活，这根本不是人生正路。该效忠的不是一个人，而是一个国家；该造福的不是特定的人，而是全体百姓，这才是儒家的立场。所以，孔子反对自杀，如果管仲也像别人一样自杀，就没有春秋霸主齐桓公，齐国早就变成一盘散沙了。孟子虽然公开说他看不起管仲，但他们的立场是一致的，只是因为时代不同，关注的重点也不同罢了。孔子认为一个人在年轻的时候做错事，就要用将来的成就来弥补，这才是比较正确的人生选择。人不能因为一时走偏便放弃自己。只要活着，就有重新开始的机会，也才能够改过迁善。儒家认为，在自我中心的阶段，生存是第一价值。

再讲发展，可以用"富贵"两个字来概括。孔子说"富与贵，是人之所欲也，不以其道得之，不处也"（《论语·里仁》）。谁不喜欢富贵？只要取得的手段正当，没有人反对。但一个人如果只注意到自我中心的阶段，往往会不择手段，踩着别人往上爬，把别人当成利用的工具。

价值观就好像阶梯，让人往上不断提升，达到人我互动阶段。在和别人互动时，要"守法而重礼"。法律是消极的约束，让人不至于做出违背整体和谐的事，让人不做坏事，但无法鼓励人做好事。光靠法律是不够的，还需要礼仪。孟子也说一个国家要安定，需要三种秩序。第一，爵位。也就是官员，大官管大事，小官管小事，是主管就要负责。第二，年龄。大家聚餐时，按照年龄来安排位子比较公平。如果请的是长官，他上班的时候已经是首席了，下班还坐首席，难怪大家都想做官。活得愈久，坐的位子愈高，那才是敬老尊贤。第三，德行。有关文化、礼仪，最好以德行作为考虑的重点。爵位、年龄、德行，就好像鼎的三只脚，一旦缺了一只，社会就再也站不稳了。

人我互动的时候要注意守法而重礼。但是这样还不够，还须再进一步，有情有义。有情有义有两个条件，第一，情义的对象是你认识的人，家人、亲戚、同学、朋友等。第二，有情有义一定是自己有所损失，损失了财物、时间、力气。如果不愿意有所损失，就不可能有情有义。朋友死了，没有人料理后事，孔子说我来负责丧葬，这叫雪中送炭。子路的志向是标准的有情有义，"车马衣裘，与朋友共敝之而无憾"。我的车、马、衣服、棉袍跟朋友一起用，用坏了也没有任何遗憾，这就是有情有义的最佳典范。

《世说新语》有一则阮裕焚车的故事。阮裕看到《论语》中子路的表现之后，就想要超越子路。他是县里的有钱人，特别定制了一辆非常豪华的车子准备借给所有的人使用（子路只借给朋友）。有一个人母亲过世，想跟阮裕借车来运送棺木，可是觉得与阮裕素昧平生，成功机会不大，因而打消了念头。这事传到阮裕耳中，他说："我有这么好的马车，别人不肯来借，留着有何用？"于是一把火把马车给烧了，而这一烧所留下的故事，代表阮裕超越了子路。

《世说新语》里有情有义的故事其实还不少。顾荣有一天参加朋友的聚会，主食是烤肉，十几个客人一人一块，顾荣发现负责烤肉的人烤了一天却都没吃到。顾荣就说："怎么可以让一个人整天烤肉而不知道肉的滋味呢？"这句话讲得多好，多么具有同情心与人道精神。后来遇上战乱，顾荣逃难之际，发现每到危急时刻，都会有一位勇士在身边护卫自己，顾荣不解，问他为什么要这么做，这才知道他就是以前烤肉后得到一块烤肉的人。这些仗义之士很多都是屠狗之辈，我们这些读书人有时候反而做不了这么有情有义的事情。

若只知追求生存与发展，孔子不收这样的学生，因为就算孔子不教，他也懂得要去追求生存与发展。光是守法而重礼，孔子也不收，因为守法而重礼是社会最基本的要求。要做孔子的学生，就必须从有情有义开始，这也是子路的志向，重视朋友的情义超过财物。交朋友是缘分，值得珍惜，钱财是身外之物，与其留到最后带不走，不如活着的时候让朋友们都过得愉快一点，这是多么好的一种想法。

但是子路这样做还不够，我们常常谈到六个字，"不错但是不够"。怎样才够？那就要看颜渊的志向，就是不要夸耀自己的优点，不要把劳苦的事情推给别人，这是无私。超越自我的第一种价值是无私，完全没有私心，不会自我膨胀，不会执着于自己的要求。颜渊就设法做到这点，"无伐善，无施劳"，实在很不容易。一般人通常是反过来，就怕别人不知道自己的优点，到处宣传。有什么劳苦的事，则推给别人去做。颜渊的志向是要超越自我，不要考虑自我的利益，不要考虑自我的要求，而是把它化解了。这一化解就成为孔子口中的典型人格，称作君子，颜渊就是要成为君子的人。

人性向善，择善固执，止于至善

　　《论语》中有几段孔子所说有关君子的话，第一句："君子和而不同，小人同而不和。"（《论语·子路》）"和"就是演奏音乐的时候，各种乐器发出不同的声音，相互可以和谐。"同"就是一言堂，只能我说话，你不能反对我。君子要尊重差异，设法异中求同，让大家都有路走，每一个人发展个性，又能化解自我的执着。像孔子回答鲁定公"一言而丧邦"的问题，答案就是"予无乐乎为君，唯其言而莫予违也"，我当国君没有什么乐趣，除非你们都听我的话。所以孔子说君子和而不同，是要设法化解自我的执着。这个社会都强调自我实现，年纪轻轻就要追求自我实现，但同时也要了解"和而不同"的道理。

　　第二句："君子周而不比，小人比而不周。"（《论语·为政》）君子开诚布公而不偏爱同党，小人偏爱同党而不开诚布公。君子是能够做到普遍爱护每一个人的，而不会只关心少数几个朋友。小人则相反，只关心身边的朋友，不在乎大多数人。

第三句："君子泰而不骄，小人骄而不泰。"（《论语·子路》）"泰"就是舒泰，君子没有什么执着，神情很舒泰，不会骄傲。骄傲就是自我中心，总是想要胜过别人。孔子还曾讲过一句话："如有周公之才之美，使骄且吝，其余不足观也已。"（《论语·泰伯》）即使拥有像周公这么杰出的才华，如果既骄傲又吝啬，就根本不值得欣赏。每次大学联考之后，我都会提醒那些考上医学院、法律系、电机系的学生：每一年都有人考上同样的学校、同样的科系，如果没有正确的价值观，最后进入社会，就只有四个字可以形容——自私自利。这个社会不需要这么多自私自利的人。考试考得好，最后你个人很得意，发财升官又如何？对社会有什么帮助呢？所以谈到所谓化解自我执着的时候，称作"君子泰而不骄，小人骄而不泰"。

还有一句："君子矜而不争，群而不党。"（《论语·卫灵公》）君子自重，不与人争，合群但是不结党营私，君子没有什么私心，最后的效果是大家熟悉的"君子坦荡荡，小人长戚戚"（《论语·述而》）。为什么坦荡荡，因为没有私心。小人长戚戚，有自我的执着就会烦恼：为什么别人比我得意呢？为什么他老是遇贵人、我老是遇小人呢？从孔子这一系列有关君子的谈话，可以知道颜渊的目标就是要化解自我的执着，设法做到无私，也才合乎君子的标准。所以，孔子提到君子这个典型人格的时候，我们也不要想得太复杂。

我年轻的时候念《论语》，常觉得很自卑，好像孔子口中只有两种人，不是君子就是小人。孔子说君子喜欢的是道义，小人喜欢的是利益，谁不喜欢利益呢？有好处一定要抢一点，光谈道义的话，就太麻烦了。后来我才知道孔子口中的君子，往往是强调"立志"成为君子的人，小人就是没有立志的人，身体长大了，心态还跟小孩子一样，只考虑自己的欲望、冲动、各种本能的需求。君子因为有志向，生命就不断地进展，每天都是新的一天，会感觉生命是自强不息的。

孔子和子路、颜渊讨论志向时，当子路、颜渊说完自己的志向后，子路请教老师的志向，孔子说的"老者安之，朋友信之，少者怀之"，就是止于至善。这不只是孔子个人的志向，作为哲学家，他的志向是提出来给人类参考的。他也认为，只要是人，就应该考虑这样的志向。

那么，该怎么做到呢？我举一个例子。有一次，国学大师钱穆先生到军中演讲，虽然他没有当过兵，但他说："你们站岗的时候，如果全神贯注、全力以赴，站得非常好，连上将都无法站得比你们好，那你们就是小兵的圣人，圣人的小兵。"站岗虽是小事情，但是努力做到尽善尽美，扮演某个角色的时候，尽力而为，在这个角色上成为圣人。他反复说"圣人的小兵、小兵的圣人"，如果当了乡长，就要照顾全乡的人，当了县长，就要照顾全县的人，当一个公司的老板，就要照顾公司的员工，这就是儒家的思想。

随着能力、身份、角色的改变，不断扩大自己所能照顾的范围，而不是立刻就要让天下所有老人如何、所有小孩如何。孔子的意思是，要随着所处条件改变而让范围愈扩愈大，因为善是我与别人之间适当关系的实现。人性向善，我们这一生要不断地行善，就必须不断地跟别人建立适当的关系，按照我特定的身份来做。这就是儒家的思想。

真诚，悦乐，圆满

很多人都喜欢选一个字当座右铭，那么，我们从儒家可以学到什么呢？第一，对自己要"约"；第二，对别人要"恕"，亦即"己所不欲，勿施于人"；第三，对物质要"俭"；第四，对神明要"敬"。这四个字包含人生的四方面，也就是人生的全方位考虑。

第一，对自己要约。一方面，我们最大的敌人是自己，因为我们很难革除自己的毛病。明朝著名思想家王阳明说："去山中之贼易，去心中之贼难。"把山上的盗贼赶走很容易，去掉心中的贼很困难，为什么？孔子说过："君子有三戒：少之时，血气未定，戒之在色；及其壮也，血气方刚，戒之在斗；及其老也，血气既衰，戒之在得。"（《论语·季氏》）另一方面，我们最好的朋友也是自己，因为如果不能跟自己做朋友的话，只想着自己跟自己是敌人，那就自我分裂了。所以，要珍惜、爱护自己，把自己当好朋友，这两方面并不冲突。一方面知道自己有毛病，人有身、心、灵，该修炼就设法修炼，克制自己的各种毛病。另一方面把自己当好朋友，因为有身、心、灵可以往上提升，不可能通过整形、整容变成另外一个人，你还是你，想法观念还是一样。所以，在谈到对自我的关系时，一个字就够了。孔子说："以约失之者，鲜矣。"（《论语·里仁》）因为自我约束，而在言行上有什么过失，那是很少见的。什么叫约束呢？话到口边留半句，做事给人留余地，得饶人处且饶人，这就是约。

　　一个人能够自我约束，才可能成就生命更大的目标。如果把人生比喻为打猎，有两个选择：一个选择是一颗霰弹，一打出去散开来，随便打都有几只小鸟、几只兔子；另外一个选择是只有一颗达姆弹，但是可以打死一头熊或一只狮子，该选择哪一个？很多人会选择霰弹，目标很多，最后却没什么成果。有的人选择一颗子弹，可以获取大的猎物，代表用一个目标约束自己。生命的力量集中，效果就不同。成功没有侥幸，美国NBA前知名球星迈克尔·乔丹，看他打球就像在欣赏艺术表演，可是他说年轻的时候，每天要投五百个空心球才停下来，投到最后得心应手。《庄子》中比迈克尔·乔丹厉害的人还有好几个，他们也是一样，经过长期的磨炼，把技术变成艺术，最后出神入化。所以，第一个字是"约"，依此才能集中力量，完成伟大的工作。

第二，对别人要恕。恕并不是指宽恕，而是能够体谅别人。如心为恕，如心就是将心比心，设身处地为别人着想。心理学很喜欢分辨两个词，第一个是同情心，第二个是同理心。同情心很容易做到，譬如经过一个地方，看到乞丐在乞讨，若手边刚好有一些零钱，便能给予帮助。同理心的差别，可以简单用五个字来说明——"假如我是他"。假如我是乞丐，虽然乞讨，也有一定的尊严，会希望别人不要把零钱丢得那么用力，让其他人看到。人跟人相处，若能保有同理心，便能替别人设想，尊重别人，体谅别人的困难，人际关系自然就改善了。

"己所不欲，勿施于人"，走遍天下无难事，并且能够体谅别人，别人也会有所回报，又好比送花之人，手有余香。行善的受益人是自己，因为人性向善，行善满足了人性基本的要求。做好事受益的不是别人，而是自己；做坏事则是先害了自己，因为违背了人性的要求，心中总是不安的。

第三，对物质要俭，就是节俭。这个世界真的需要我们稍加节俭。美国前副总统戈尔编纂了一本书——《难以忽视的真相》，在美国很多旅馆，这本书被放在抽屉里，取代了《圣经》。我们将来也可以在很多旅馆里面放一本《论语》，放四书也可以，让别人看到《论语》《孟子》《大学》《中庸》，睡觉前翻一翻，做个好梦，多好！

有两句话在提倡节俭的时候，可以作为参考：第一，不拥有不需要的东西；第二，东西用到坏为止。这两句话很少人做得到，我也做不到。很多人担心这样会不会影响经济发展，若是大家都那么节俭，谁会去消费呢？我不是这个意思，我们也不要担心，不要做过多的假设。为什么要节俭？绝不是为别人好，而是对物质节俭，才能对自我约束，也才能对别人有情有义。一个人生活奢侈浪费，就是不约束自己。如果对于物质能俭的话，就可省下很多时间、很多力气，然后可以做你愿意做的事。

最后也是最特别的一点，对神明要敬。很多人没有宗教信仰，但不妨把神明理解为祖先。中国人有一个传统，即祖先崇拜。过年过节都要在家里祭祖，如果能把祖先当作神明这个层次的话，心里想到祖先，自然就会尊敬。敬包括敬畏与谦卑，敬畏鬼神，能够使人谦卑，知道人的生命很有限，除了物质的需求，还有精神的需求。人的生命一路发展下来，最后总是会结束的，这一生要去追求什么呢？身？心？还是灵？灵是跟我们讲的一系列有关宗教、鬼神、孔子所信仰的"天"连贯在一起的。孔子一生都很贫穷，但他说过自己"饭疏食饮水，曲肱而枕之，乐亦在其中矣"，很贫穷但是很快乐。

在谈孔子的时候，我们特别提到四大圣哲，也很自然地拿苏格拉底、耶稣来对照。简单做个结论，这几位伟大的哲人，都有各自不同的生命经验，但他们带给我们的共同启发是：人的生命有精神的层次。从世俗的眼光来看，他们并不是伟大的军事家、政治家、征服家、科学家，更不是大企业家，但是他们留给我们人类的资产太多了。多少人受到他们只字片言的感化，多少人听了他们的教训，生命因而充满意义，知道人生该往哪里走。孔子是一个平凡人，但让自己抵达了不平凡的层次，每一个人都可以效法他。

最后，以一段简单的《论语》故事来说明，孔子很想做一些事来帮助整个社会。春秋末期，各国分崩离析，内乱频仍，佛肸是范氏、中行氏的家臣，当时晋国赵简子专政时，攻打范氏和中行氏，佛肸是中牟县长，据地反叛赵简子。子路反对孔子前去帮忙，而且他说的也是孔子平日教的，"公然行恶者那里，君子是不会前去的"。但孔子仍想通过晋国来使天下安定，孔子说："我为什么想去呢，我只是想借着某一个国家振作起来，支持周朝来统一天下，这个国家的负责人对我好不好？他本身好不好？有时候不能管他，只能看自己有没有机会去做。"但是最后孔子还是没有去，他说："不曰坚乎，磨而不磷；不曰白乎，涅而不缁。"（《论语·阳货》）不是说最坚硬的东西，是磨也磨不薄的吗？不是说最洁白的东西，是染也染不黑的吗？孔子的生命就是既坚且白。《孟子》一书中，特别用曾参的一段话来介绍孔子。孔子的学生都很怀念孔子，他们就想推举其中一位学生来代替老师接受大家的行礼。曾参坚决反对，他认为老师不是别人能替代的，"秋阳以暴之，江汉以濯之"，我们老师洁白得不得了，秋天的阳光把他晒干净了，江汉的河水把他洗干净了，没有人像我们老师那么洁白。

学习儒家，要怀着真诚的心意，接触《论语》这部伟大的经典，是希望从中得到智慧的启发。在不同的年龄、不同的生命阶段，肯定会有不同的心得。这一系列介绍孔子，只是提纲挈领，整理一些重点供大家参考。